AF192834

Diseño de cubierta: más!gráfica
Diseño gráfico: Marcela Grez
Corrección: Isabel López / Equipo Susaeta

© Artbook packagers snc
© SUSAETA EDICIONES, S.A.
C/ Campezo, 13 - 28022 Madrid
Teléfono: 91 3009100
Fax: 91 3009118
www.susaeta.com

Manual para
Chicas
con
ESTILO
susaeta

Contenidos

Ejercicios 202

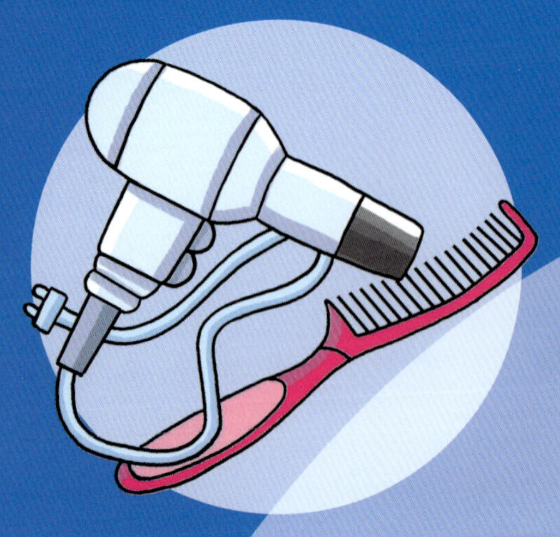

TU CUERPO

Sara

PIEL LIMPIA EN 4 PASOS

La limpieza de la cara es un hábito importante, tanto para quien se maquilla como para quien no lo hace. Los restos de maquillaje y las partículas de contaminación se depositan en nuestra piel y la ahogan.

1 El primer paso es lavar la cara con el producto correcto. La elección se hace en función del **tipo de piel;** para las pieles **mixtas o grasas** son más adecuados el **gel y la espuma,** mientras que para las **pieles secas** son más indicados la **leche detergente** o el **aceite detergente**.

2 Si tienes la piel sensible, es aconsejable un tónico, mejor aún si es de origen termal, o bien un jabón de Marsella o de aceite de oliva, en general **jabones suaves sin tensioactivos.**

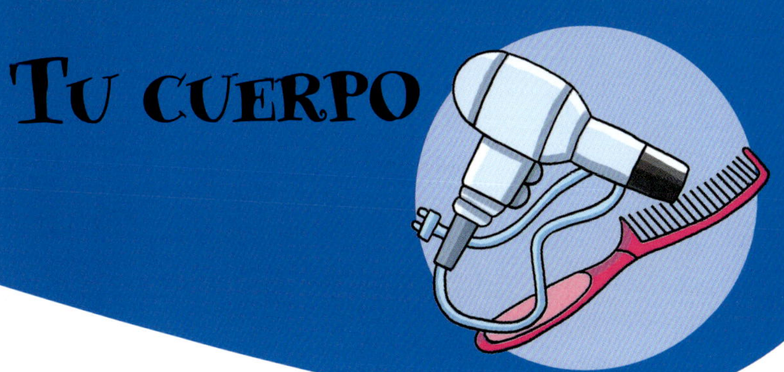

3 Siempre es mejor **evitar el jabón de manos** normal: es demasiado agresivo y, junto a los residuos de maquillaje, la contaminación y el polvo, **elimina la película hidrolipídica,** esa delgadísima capa de sudor y grasa que defiende tu piel de las agresiones y la mantiene elástica e hidratada.

4 Es aconsejable concluir la limpieza con un buen **tónico** para reequilibrar el **pH natural de tu piel.**

SOLUCIÓN RÁPIDA

Las <u>toallitas desmaquillantes</u> te permiten realizar con una sola acción todos los pasos de la limpieza del cutis.

PRODUCTOS PARA LIMPIAR LA CARA

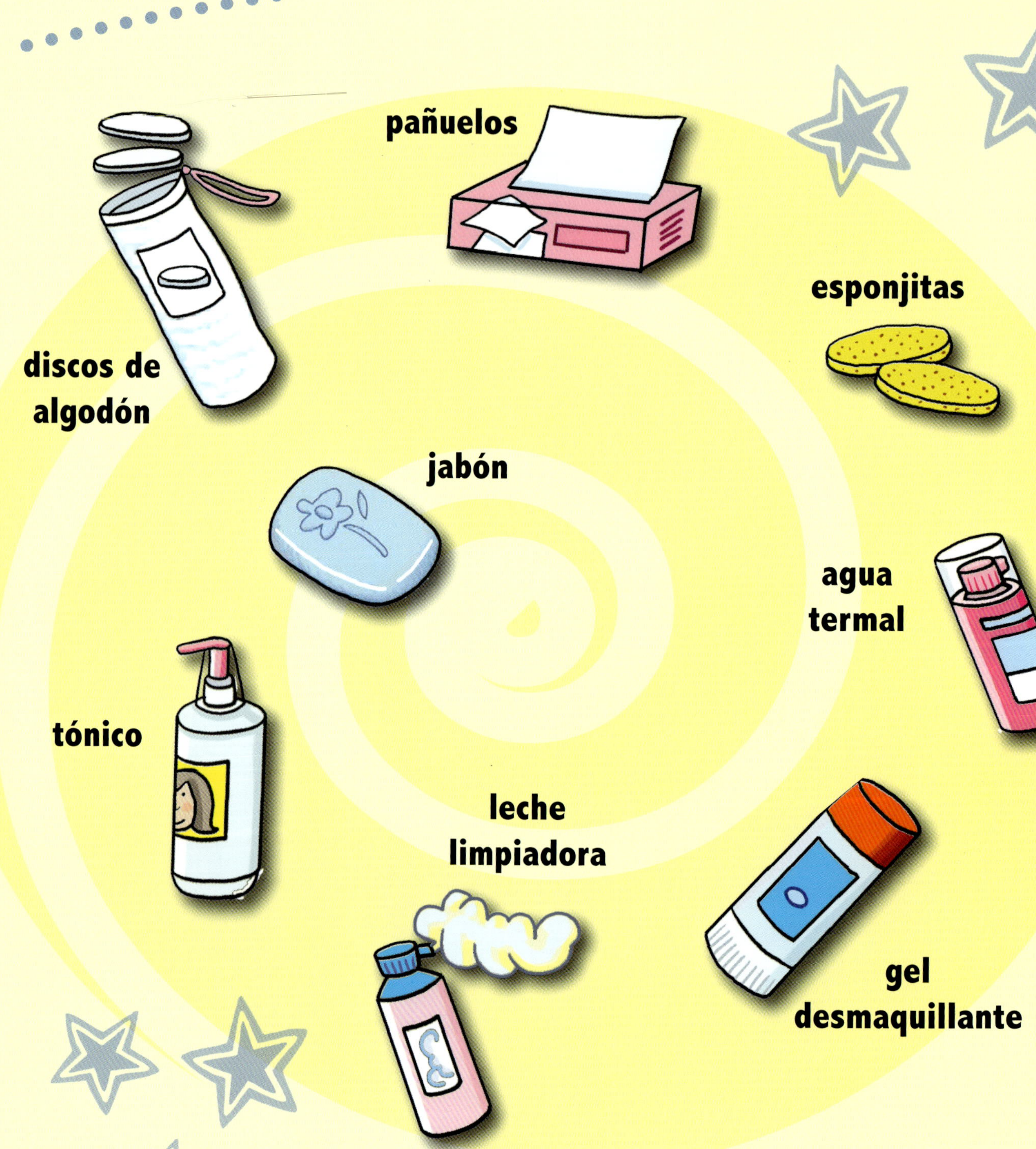

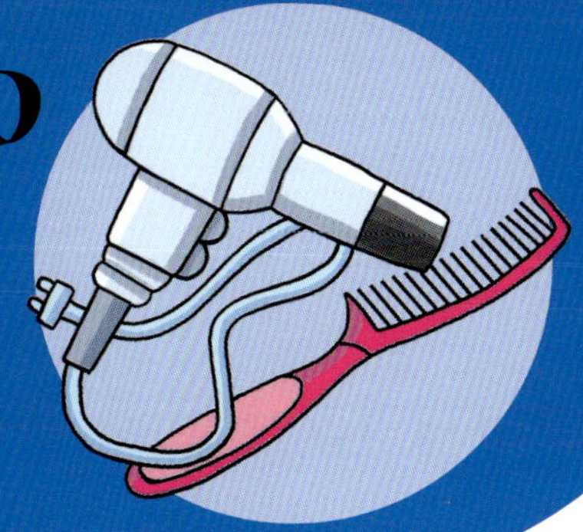

TÓNICO DE ROSAS

Ésta es la receta para estar siempre guapísimas sin gastar mucho.

1. Corta unas ROSAS de tu jardín y pon los PÉTALOS EN UN RECIPIENTE LLENO DE AGUA.

2. Coge un trozo pequeñísimo de tu JABÓN y añádelo a los pétalos.

3. Deja reposar la mezcla una semana sin cubrirla y alejada de fuentes de calor. Después, RETIRA LOS PÉTALOS, ECHA EL AGUA EN UNA BOTELLA Y CIÉRRALA BIEN.

Ya tienes un tónico que no será agresivo para tu piel ni para tus ojos. Te sentirás fresca y perfumada cada vez que lo uses.

¿QUÉ ES EL ACNÉ?

Es una de las enfermedades de la piel más comunes en la adolescencia. Generalmente se presenta en la piel grasa y brillante.

¿CÓMO SE CURA?

La limpieza cotidiana no es suficiente para curar el acné, ¡se necesita un remedio específico! Además, lavar y frotar en exceso puede resultar contraproducente.

MASCARÍLLAS DE BELLEZA

Es posible preparar las mascarillas también en casa, utilizando unos cuantos ingredientes sencillos que encontrarás en la cocina.

Cómo preparar las mascarillas

1 Límpiate bien la cara con una leche limpiadora.

2 Aplica la mascarilla con un pincel de cerdas planas y suaves; después **recuéstate y relájate.**

3 Respeta el tiempo de aplicación. Si deseas dejarla más tiempo, para evitar que se seque, **ponte encima de la cara una toalla húmeda.**

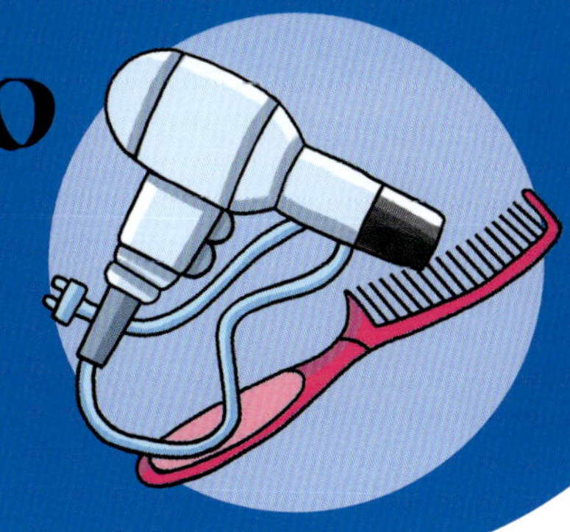

MASCARILLA DERMOPURIFICANTE DE CALABAZA

★ PARA PIELES GRASAS Y CON PUNTOS NEGROS ★

1. Tritura la PULPA DE CALABAZA AMARILLA y mézclala con la nata y la miel.

2. Aplica sobre la cara 10 MINUTOS y enjuaga con agua tibia.

MASCARILLA DESCONGESTIONANTE DE FRESAS

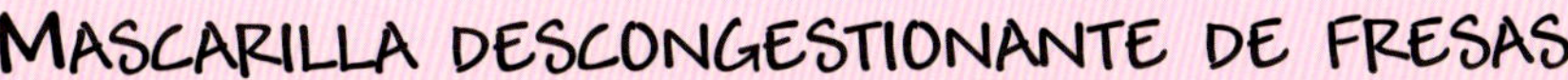

★ PARA PIELES IRRITADAS O ENROJECIDAS ★

1. TRITURA LAS FRESAS con la tintura de caléndula hasta obtener un puré.

2. Aplícala en el rostro durante 20 MINUTOS y aclara con agua tibia.

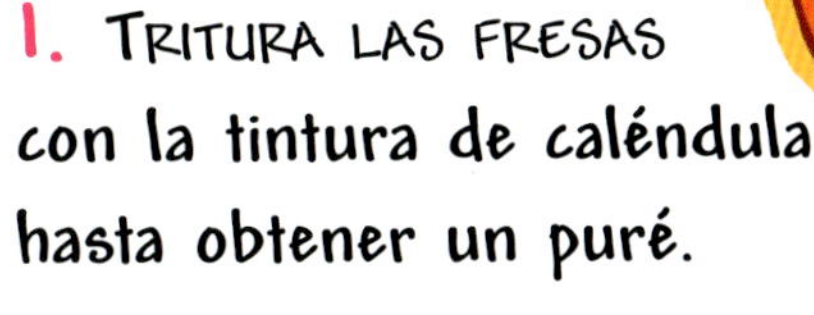

DÍA DE BELLEZA

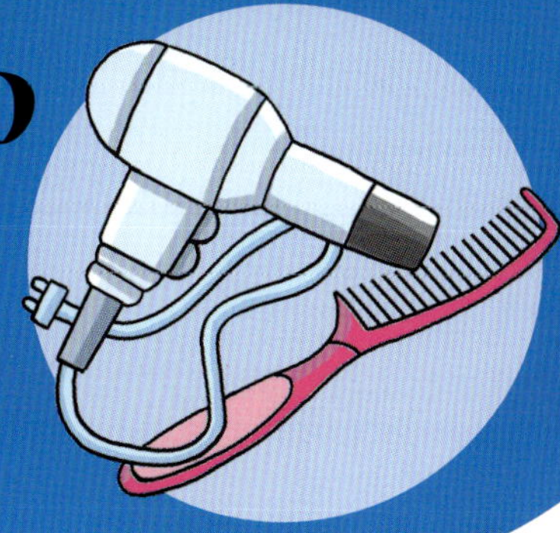

POR LA MAÑANA

1 ¿Has dormido las horas necesarias? Es el momento de iniciar tu «*día de belleza*».

2 Despierta a tu cuerpo con un poco de gimnasia: estiramientos, sentadillas y abdominales.

3 A continuación, «operación ducha». Alterna el agua caliente con el agua fría: contribuye a tonificar los tejidos cutáneos, manteniéndolos firmes y elásticos.

4 Comienza con el agua caliente para dilatar los poros, luego fricciona con un exfoliante o un guante de crin en codos y rodillas. Una vez eliminadas las impurezas, enjuaga con agua un poco fría.

5 Después de alternar 2 o 3 veces las temperaturas, date un masaje en el cuerpo con un aceite a base de extractos vegetales y aclara, para terminar, con agua fría.

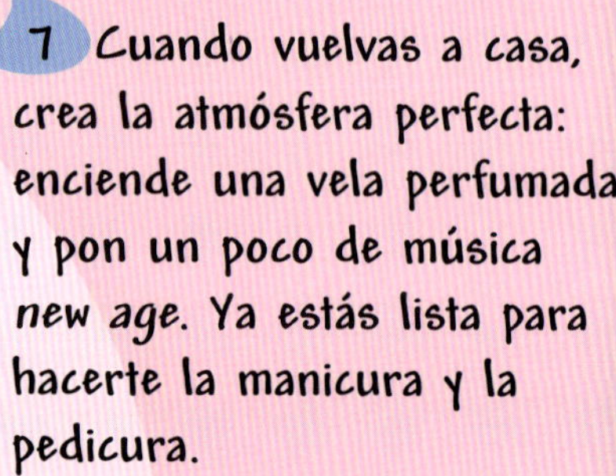

7 Cuando vuelvas a casa, crea la atmósfera perfecta: enciende una vela perfumada y pon un poco de música *new age*. Ya estás lista para hacerte la manicura y la pedicura.

6 La cronobiología dice que entre la una y las cinco de la tarde es el momento ideal para la actividad física. Haz una hora de ejercicio al aire libre o ve a dar un paseo.

8 Dedícate al cuidado del cutis y limpia la piel en profundidad. Haz una mascarilla tonificante o purificante.

Aromaterapia breve

Agresividad y cólera: manzanilla, cedro, melisa, rosa e ylang-ylang.
Ansiedad: bergamota, manzanilla, jazmín, lavanda, rosa y melisa.
Apatía: enebro y romero.
Depresión y tristeza: albahaca, manzanilla, jazmín, incienso, hisopo, lavanda, neroli, mejorana y rosa.
Nerviosismo: manzanilla, jazmín, lavanda, neroli e ylang-ylang.
Estrés: madera de sándalo, limón y neroli.

LA NOCHE

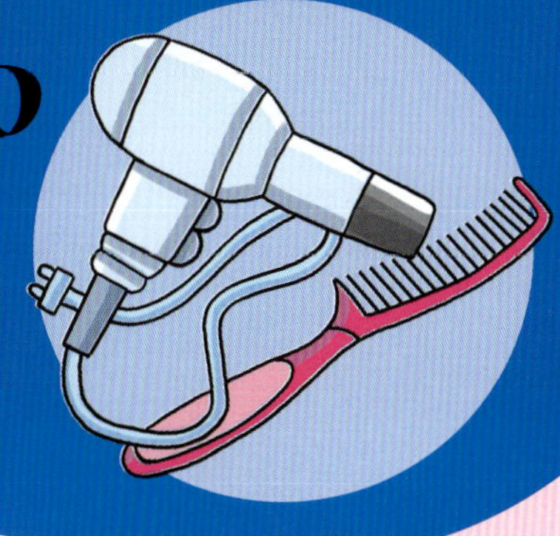

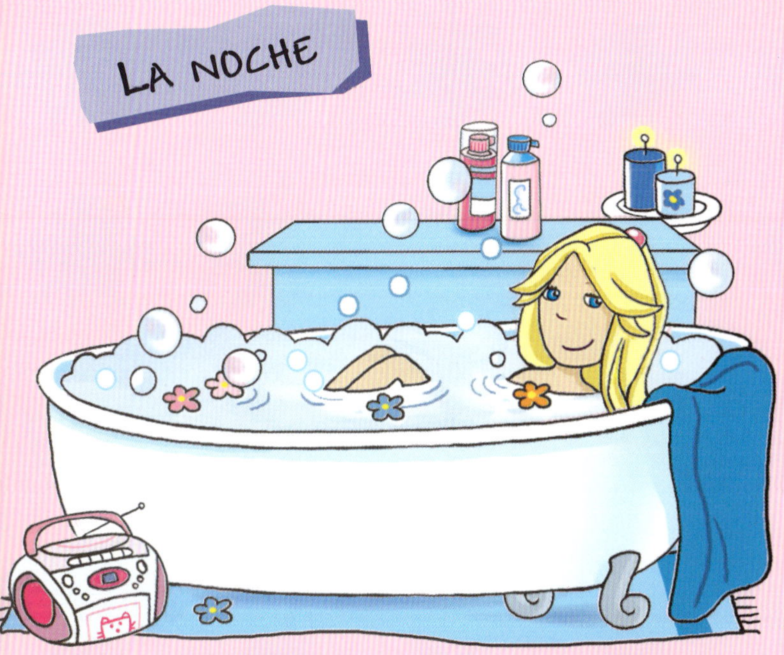

9 Llena la bañera con agua caliente y añade 10 o 15 gotas de aceites esenciales, flores frescas y alguna rebanada de fruta para dar un toque de color y perfume. Escoge los aceites siguiendo los consejos de la aromaterapia.
Pon un CD de música relajante instrumental, *lounge* o clásica.

Métete en la bañera, cierra los ojos y ¡relájate!

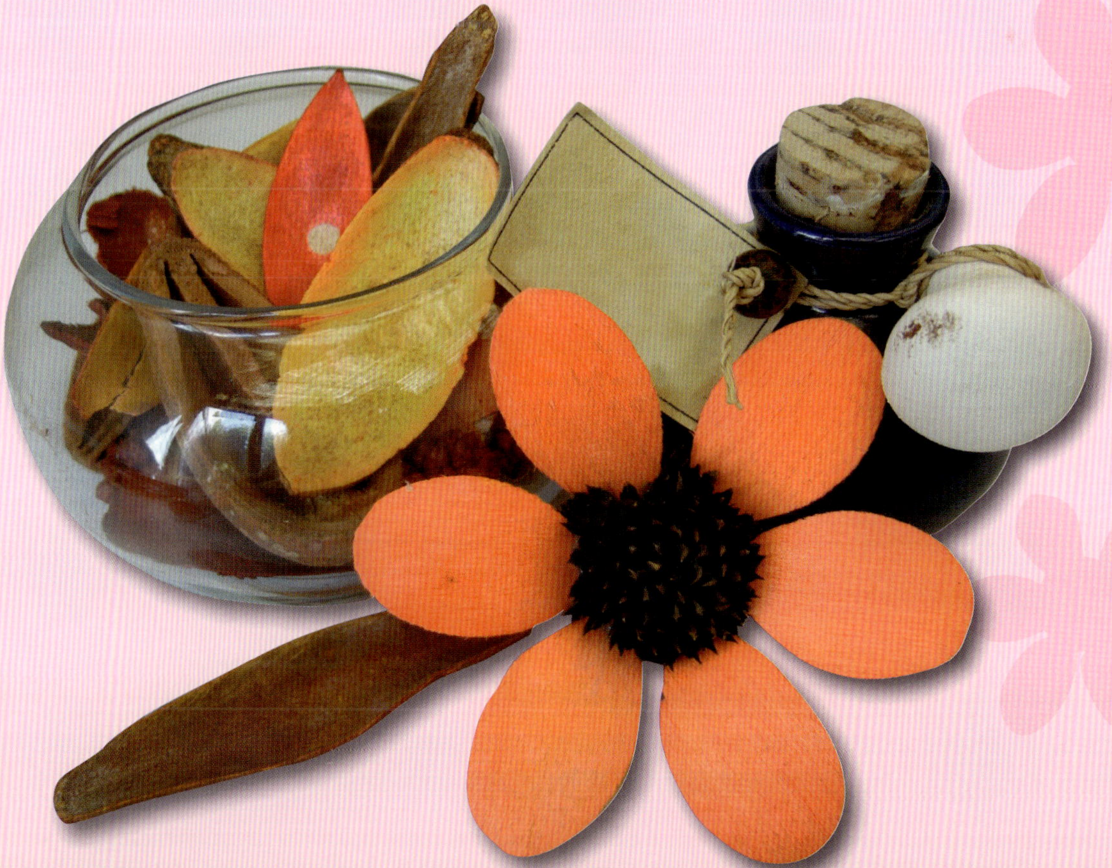

UÑAS PERFECTAS

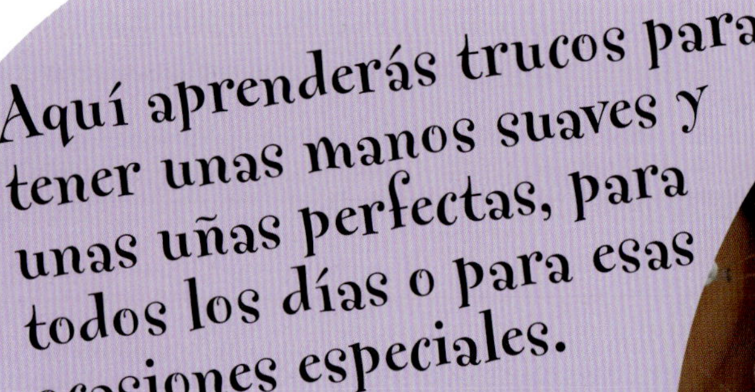

Aquí aprenderás trucos para tener unas manos suaves y unas uñas perfectas, para todos los días o para esas ocasiones especiales.

TENDENCIAS

Prueba esas pegatinas brillantes que venden para adornar las uñas.

¡SOCORRO! ¡ME COMO LAS UÑAS!

Aplica una base endurecedora, un esmalte especial de sabor amargo o recurre a las uñas postizas para proteger las tuyas.

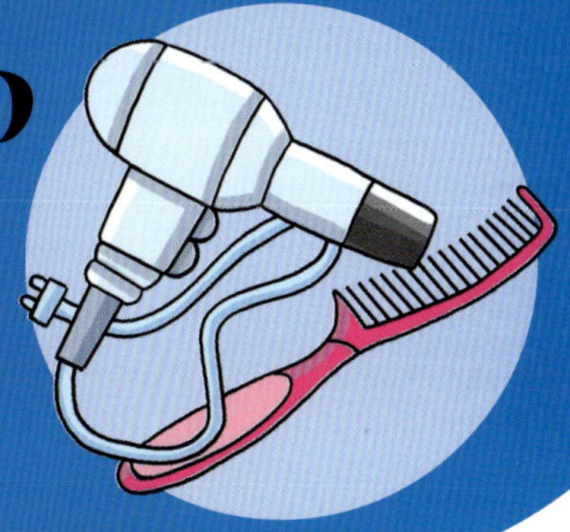

TEST — Tu esmalte y tú

ELIGE EL COLOR DE ESMALTE QUE PREFIERES Y DESCUBRE CUÁLES SON LOS PRINCIPALES RASGOS DE TU PERSONALIDAD.

1 Si escoges el esmalte ROJO, tienes una personalidad impulsiva y apasionada.

2 Si eliges el ROSA o el BLANCO, eres una soñadora nata. Tu naturaleza dulce y romántica atrae la simpatía de muchas personas.

3 Si escoges el esmalte AZUL CLARO u OSCURO, eres una persona reflexiva y tranquila. Vives la vida a tu propio ritmo.

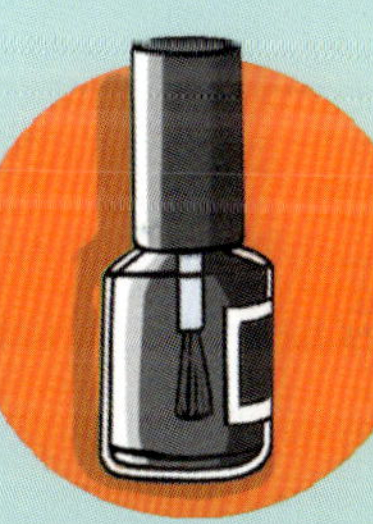

4 Si eliges el NEGRO, eres misteriosa. A veces esta actitud te lleva a ser lunática y un poco arisca.

5 Si escoges el esmalte NARANJA, eres una persona alegre y solar. A tus amigos les das lo mejor de ti misma y eres muy generosa.

MANÍCURA FRANCESA

Prepara tus manos antes de aplicar el esmalte. Elimina las células muertas masajeando con un exfoliante, enjuágalas y sécalas con cuidado.

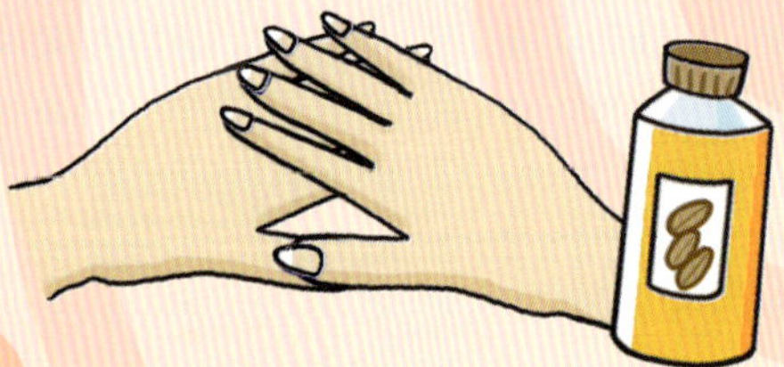

Suaviza las manos con una película de **aceite de almendras** y déjalas 15 minutos envueltas en un toalla caliente.

Lima las uñas, partiendo de los ángulos exteriores hacia el centro, utilizando una lima de grano fino.

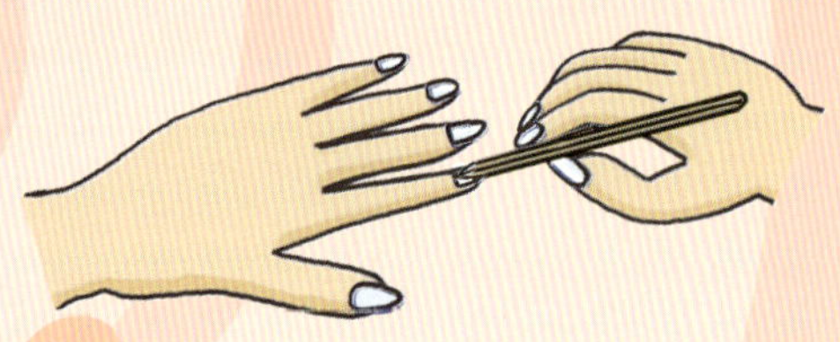

Empuja las cutículas hacia atrás utilizando un palito de naranjo. Aclara las manos con agua caliente y sécalas.

lima de grano fino

aceite de almendras dulces

exfoliante para manos

palito de naranjo para las cutículas

base reforzadora de uñas

esmalte blanco

esmalte transparente o rosa

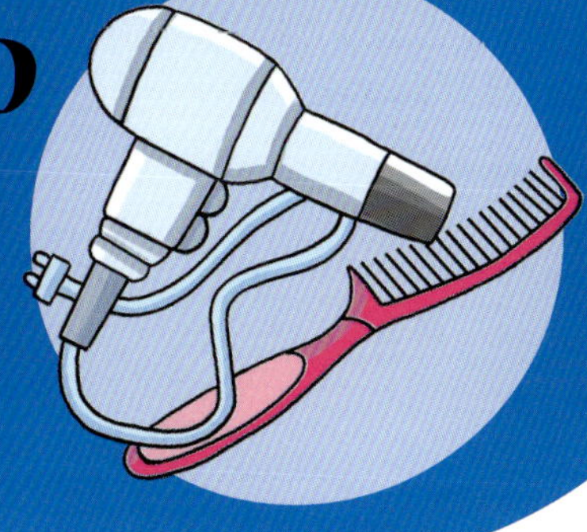

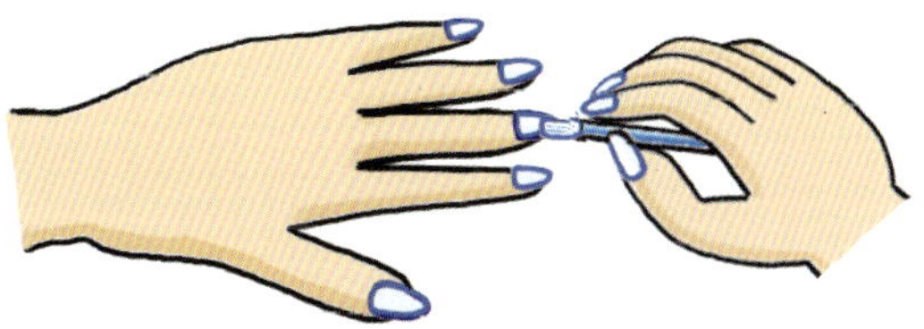

5 Aplica una capa de base endurecedora y espera a que seque. Apoya la mano en una superficie plana para **extender el esmalte blanco** por la luneta externa de las uñas.

6 Para un **estilo cuadrado,** extiende una línea recta a lo largo de la luneta externa. Pero si prefieres la **forma redondeada**, extiende el esmalte siguiendo la línea de las uñas. En ambos casos el esmalte blanco hay que extenderlo horizontalmente.

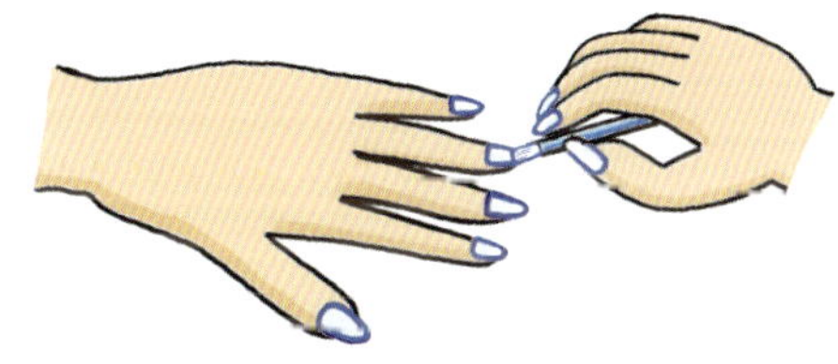

7 **Aplica una capa de esmalte transparente** o rosa natural sobre toda la uña para fijar el esmalte blanco. Espera a que seque completamente.

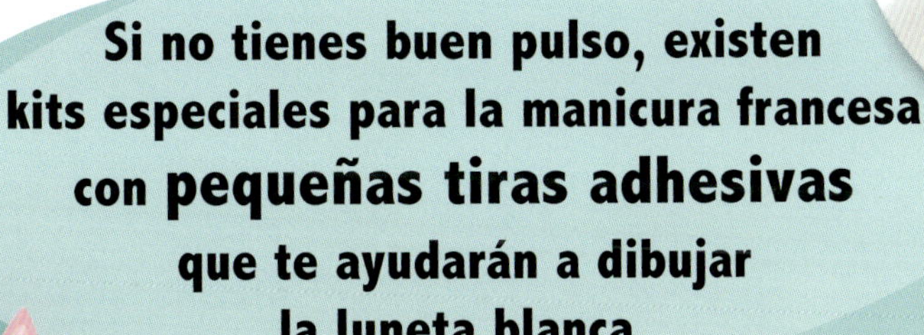

Si no tienes buen pulso, existen kits especiales para la manicura francesa con **pequeñas tiras adhesivas** que te ayudarán a dibujar la luneta blanca.

¡Hoy me depilo!

Eliminar de manera definitiva el vello superfluo es el sueño de toda chica. Te ofrecemos algunos consejos para escoger el método de depilación más adecuado para ti, con las ventajas y desventajas de cada uno.

Crema depilatoria

Ventajas: es rápida, económica, menos dolorosa que la cera y más duradera que la cuchilla de afeitar.

Desventajas: es agresiva para la piel.

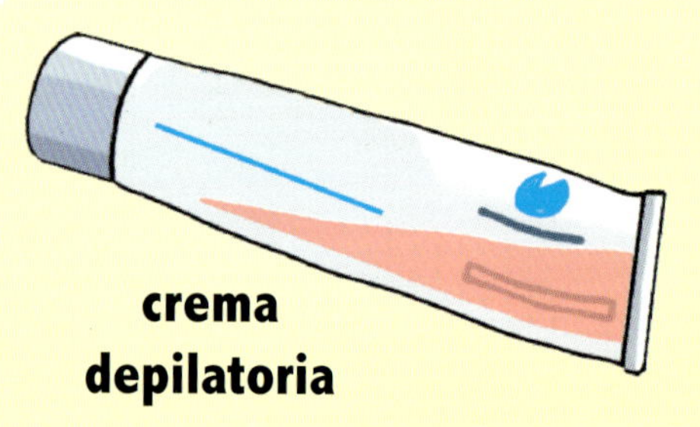

crema depilatoria

espátula (viene incluida en el paquete)

crema calmante para la piel

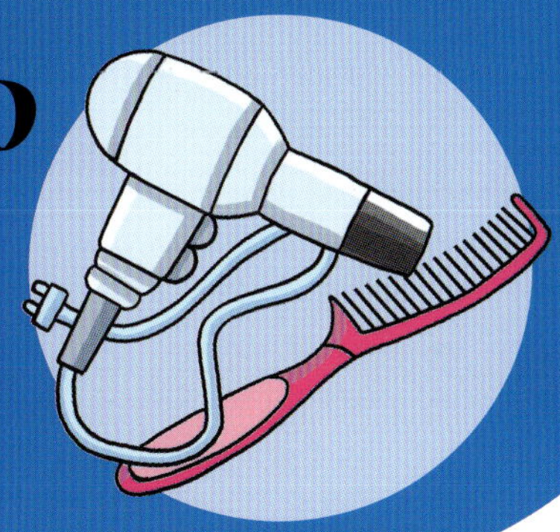

Cómo actúa

A diferencia de la cera, no arranca el vello desde la raíz, sino que **lo debilita mediante sales de azufre** que atacan la queratina, la sustancia que recubre el pelo.

¡IMPORTANTE!
No olvides aplicar al final una crema calmante.

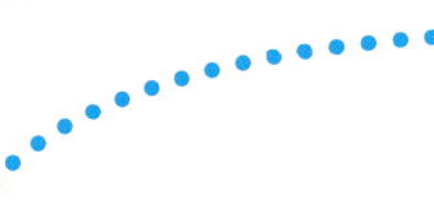

1 Aplica la crema con la espátula de manera uniforme, hasta cubrir todo el vello.

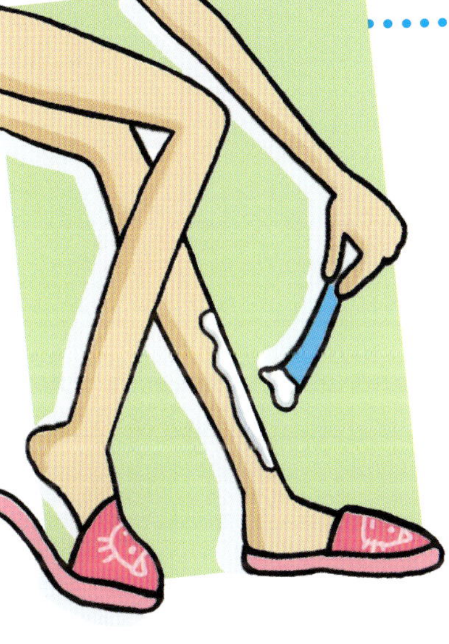

2 Déjala actuar 5 o 10 minutos, luego haz una prueba, eliminando una zona pequeña con la espátula.

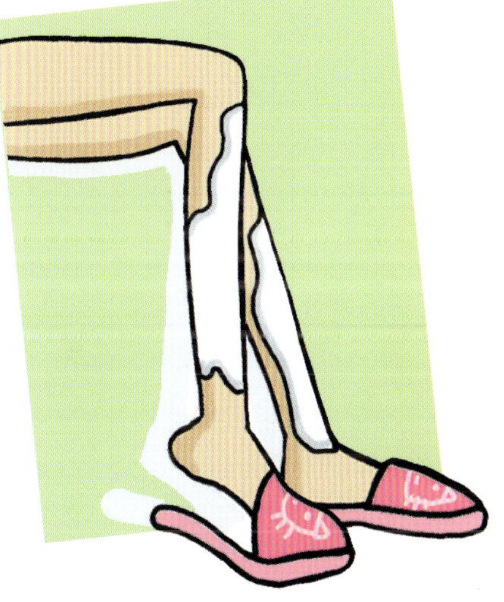

3 Si el vello desaparece con facilidad, **elimina por completo la crema** con la espátula.

4 Enjuaga la piel y sécala.

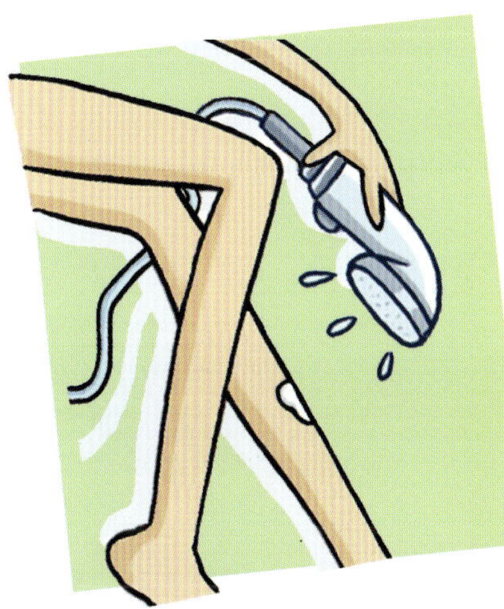

Depiladora eléctrica

Ventajas: elimina el vello más corto desde la raíz.
Desventajas: su uso prolongado puede causar la aparición de pelos enterrados.

Cómo actúa

Su método es parecido al de la cera: mediante un mecanismo que gira **el vello es «capturado» y después arrancado de golpe**.

¡Mucha atención!

No uses productos con alcohol después de depilarte.

MAQUINILLA

Cómo actúa

La maquinilla **corta el vello desde la raíz.** Hay que afeitarse de abajo hacia arriba utilizando una espuma específica para que la maquinilla se deslice mejor sobre la piel.

Ventajas: es un método rápido de depilación.
Desventajas: el vello crece en seguida.

LA CERA

Ventajas: extirpa el vello desde la raíz, por lo que es muy duradera (casi un mes) y es uniforme.
Desventajas: es un poco dolorosa.

Cómo actúa

La cera caliente aprisiona el vello, sea corto o largo, fino o duro, y **lo arranca de raíz.**

SONRISA ESPECTACULAR

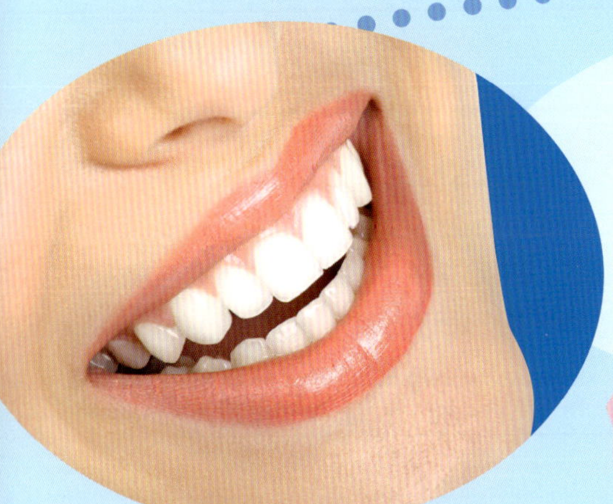

Una bella sonrisa comunica a los demás cómo somos: es nuestra tarjeta de presentación. ¡Con unas sencillas reglas podemos mantenerla perfecta!

PARA UNA CORRECTA HIGIENE ORAL

pasta de dientes con flúor

cepillo de cerdas artificiales

hilo dental

enjuague bucal

1 **Cepilla los dientes al menos dos minutos después de cada comida.** Si los cepillas menos tiempo, no eliminas la placa bacteriana de dientes y encías.

2 Pasa el cepillo **por delante y detrás de los dientes.** En general se tiende a descuidar la parte posterior, dando prioridad a la parte delantera.

3 Cepilla bien los dientes **inclinando el cepillo 45° respecto a la base de los dientes**. Muévelo de manera rotatoria, desde la encía hacia los dientes.

UN HÁBITO EXCELENTE: pasa el hilo dental y limpia la lengua con un cepillo especial.

Dientes blanquísimos

Para blanquear los dientes existen también los remedios de la abuela. Quizá un poco pasados de moda, pero no cuestan nada, así que vale la pena probarlos.

¡MUCHA ATENCIÓN!

¡No te obsesiones con tener los dientes blancos! Muchos tratamientos son nuevos y, aunque están probados, no se conocen todas las consecuencias que pudieran derivar de un uso excesivo.

★ PULPA DE FRESAS

Pasándola por los dientes, los vuelve más blancos y se consigue un aliento más fresco durante más tiempo.

★ BICARBONATO

Tiene propiedades blanqueadoras, pero no hay que utilizarlo más de 1 o 2 veces al mes para no arriesgarse a dañar el esmalte de los dientes, que podrían volverse sensibles y opacos.

★ PASTA DE DIENTES DE ARCILLA

Mezcla una gota de aceite esencial de menta con una cucharada de glicerina; diluye, mientras, dos cucharadas de arcilla con una de agua y mezcla los ingredientes para obtener una pasta más suave; añade más agua.

Enjuague bucal natural

1. Mezcla 6 gotas de aceite esencial (menta, anís, clavo, canela, etc.) con 20 ml de aguardiente.

2. Mezcla y añade 10 ml de agua.

3. Conserva el líquido en una botella de cristal provista de gotero y añade unas gotas al agua para enjuagar los dientes.

UN PORTE DE star

Tener una bella figura no basta para ser atractiva. Según los expertos, la seducción y la atracción dependen sobre todo del porte.

PSICO-POSTURA

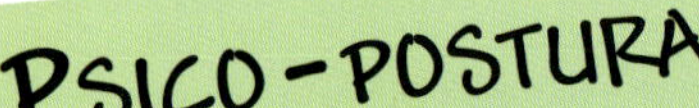

A menudo el origen de un mal porte es psicológico: inseguridad, ansiedad y miedo nos hacen adoptar una postura hundida. Esto refleja la imagen de una **persona cerrada al mundo exterior.**

¡LA ELEGANCIA DEL PORTE ES PARTE INTEGRAL DE LA FASCINACIÓN DE LA MUJER!

Una chica que yergue los hombros y la espalda y que mira de frente da la impresión de ser una **persona vital y resuelta.** Además de mucho más bella, ya que hace resaltar al máximo el pecho, las caderas y la sonrisa.

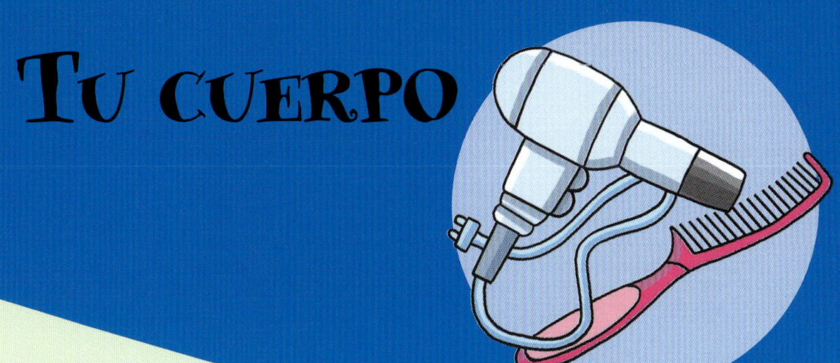

¿Qué hacer para tener un porte elegante?

1 **Imagina que tienes un hilo que parte desde el centro de tu cabeza** y tira de ella hacia arriba. Respira hondo y abre bien la caja torácica; notarás que pareces más alta, que el estómago se contrae y los glúteos se tensan.

2 **Camina por casa con un libro sobre la cabeza** sin dejarlo caer. A la larga, este ejercicio puede ser útil para aprender a caminar… **con la frente bien alta.**

¡YOGA!

Algunas prácticas ayudan a mejorar la postura: una de las más eficaces es el yoga. De hecho, tiene como objetivo alcanzar el equilibrio físico y mental. Además, la postura refleja nuestra manera de relacionarnos con el mundo; de esta manera el lenguaje del cuerpo revela quiénes somos.

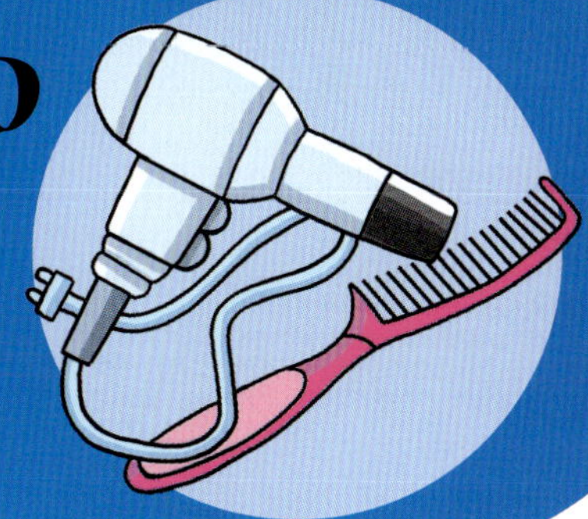

POSTURA DEL ÁRBOL

¡MUCHA ATENCIÓN!
¡Es una posición algo complicada porque requiere equilibrio y elasticidad!

1 Ponte de pie, con el cuerpo erguido, y **respira naturalmente.**

RESPIRA DE MANERA NORMAL, **sin retener la respiración** DURANTE EL EJERCICIO.

2 Inspirando y ayudándote con las manos, **pon el talón del pie derecho en la parte interior del muslo izquierdo.**

¡LA PLANTA DEL PIE DERECHO **queda pegada** AL MUSLO IZQUIERDO!

3 Cuando consigas un equilibrio estable, **lleva las manos unidas a la altura del pecho.**

MANTÉN EL EQUILIBRIO **mirando un punto fijo** EN EL SUELO FRENTE A TI.

4 **Conserva la posición unos segundos.** Luego, repite el ejercicio con la otra pierna.

CABELLO ESPLÉNDÍDO

Una cita con el estilista es el primer paso para tener una cabellera perfecta, pero siguiendo algunas simples reglas, también en casa puedes conseguir peinados espectaculares.

CÓMO LAVARSE EL PELO

¡MUCHA ATENCIÓN!
No acerques demasiado el secador al pelo.

Peina tu cabello

Antes de lavar el pelo péinalo para eliminar nudos.

Durante el lavado ten cuidado de revolver el pelo lo menos posible para evitar los enredones.

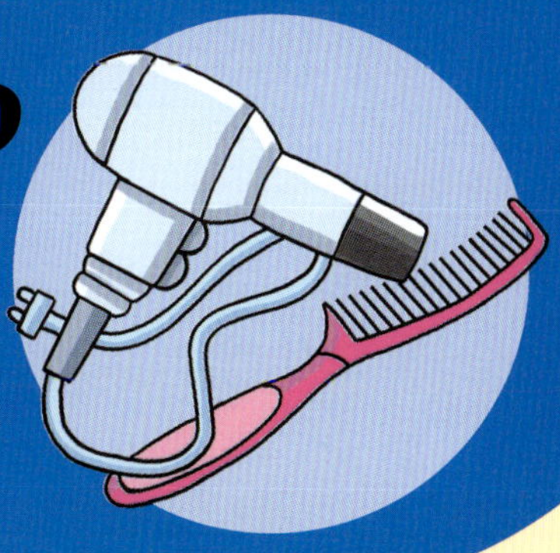

Lavado del pelo

Regula la temperatura del agua para obtener la deseada.

Moja bien el pelo.

Échate el champú en la mano y aplícalo en la cabeza, masajeando delicadamente el cuero cabelludo.

Enjuaga bien el pelo y haz el último aclarado con agua fría; tu cabello quedará más brillante.

Secado

Sécalo con una toalla, sin dar tirones. Evita usarla como turbante.

¡No uses nunca el cepillo con el cabello mojado! **¡Usa el peine de púas anchas y** deshaz los nudos delicadamente!

¡No uses el secador! El secador maltrata el cabello; si no puedes evitarlo, hazlo con temperatura baja.

Cabello largo y sano en 5 pasos

1 ¡Ten paciencia!

El pelo crece como **1 cm al mes**, lo que significa que si lo tienes corto no bastará un año para tener una larga cabellera. ¡No cedas a tentaciones como permanentes o cortes muy desfilados!

2 ¡No al estrés! Usa el secador lo menos posible, no recurras a la plancha para el cabello y elimina los tintes químicos agresivos.

3 ¡Corta las puntas!
Aunque tu cabello esté en buen estado, **hay que cortar unos centímetros de vez en cuando** para mantener las puntas sanas.

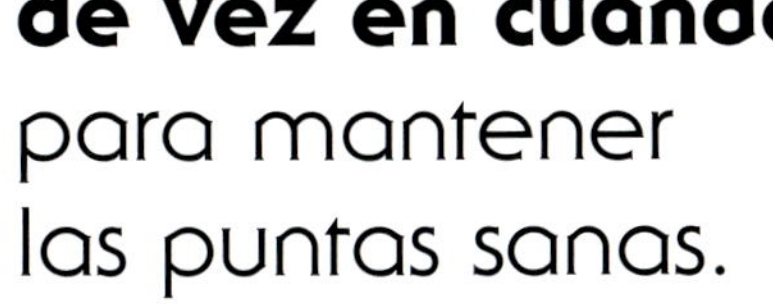

4 ¡Usa los productos adecuados!
- Un peine de madera.
- Un cepillo suave.
- **Un champú específico**.
- **Un buen suavizante**.
- Gomas y pinzas.

5 ¡En verano defiende tu cabello!
En el mar, protégelo con aceite, usa un sombrero y después de cada baño toma una ducha para **eliminar la sal.**

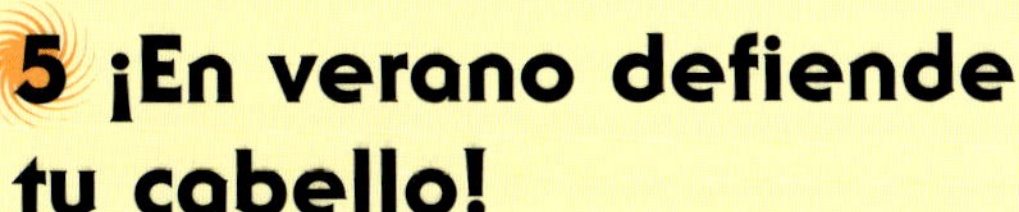

Rizado o lacío ¡estupendo!

Quien tiene el pelo lacio lo quiere rizado y viceversa...
Sin embargo, existen algunas técnicas para tener el cabello como tú lo deseas.

Cómo alisar tu cabello

El pelo lacio es un deseo irrealizable, sobre todo durante el invierno, cuando el peinado te dura menos debido al aire húmedo y la lluvia.

Éstos son los utensilios que necesitas:

una plancha de cerámica (no de teflón; lo maltrata aún más)

un producto que suavice y alise el cabello

pinzas para sujetar los mechones

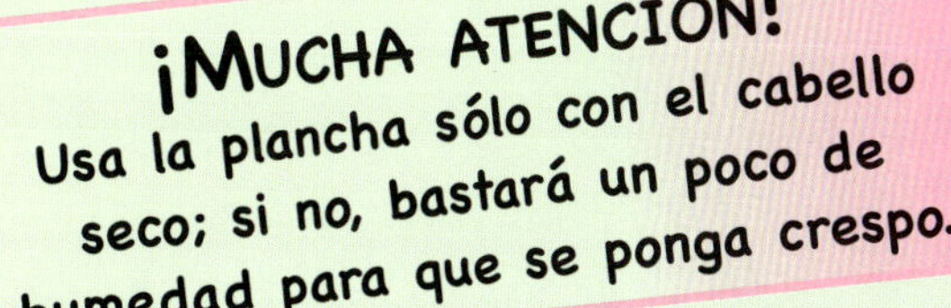

1. Seca el pelo delicadamente con una toalla. Déjalo suelto y rocía un producto desenredante instantáneo: son excelentes los que contienen germen de trigo.

¡MUCHA ATENCIÓN!
Usa la plancha sólo con el cabello seco; si no, bastará un poco de humedad para que se ponga crespo.

2. Calienta bien la plancha. Hay que esperar algunos minutos. Mientras, divide el pelo en tres secciones: la parte derecha, la parte izquierda y la parte de atrás.

3. Al principio concéntrate sólo en una de las tres partes. Comienza de abajo hacia arriba. Desde abajo, coge el primer mechón y alisa, toma el siguiente y alisa, hasta que termines (para mayor comodidad, usa una pinza para sujetar los mechones de la parte superior de la cabeza).

Cómo rizar el pelo

La melena rizada y con movimiento típica de los primeros años 80 está otra vez de moda, ahora renovada por toda la gama de nuevos productos especiales para eliminar el pelo crespo, típico inconveniente de aquellos peinados.

Permanente

A principios del siglo XX un peluquero alemán inventó la primera modificación permanente del cabello usando productos químicos asociados al calor.

TU CUERPO

1
Lávate el pelo.

2
Sécalo con una toalla, **dejándolo húmedo** pero no demasiado.

4
Usa un poco de espuma. Dos nueces bastan para el cabello largo.

3
Ponte los rulos. Pídele ayuda a una amiga para la parte posterior de la cabeza.

5 **Sécate el pelo** con la secadora y quítate los rulos. Péinatelo con los dedos para **hacer los rizos más naturales.** Si quieres, aplica un poco de laca.

TRENZAS ORIGINALES

¡El pelo largo no tiene por qué ser aburrido! Existen infinidad de peinados divertidos y fáciles de hacer... ¡Basta con un poco de práctica para aprender a realizarlos!

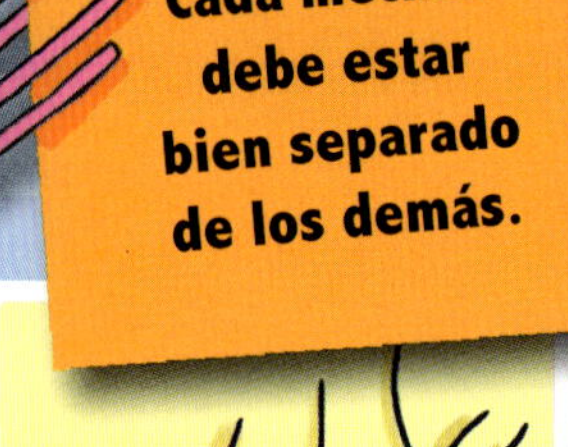

RETORCIDAS

1 **Ponte el pelo sobre la frente** y hazte la raya en el centro. Separa un buen mechón de la parte delantera de cada lado y divídelo en tres.

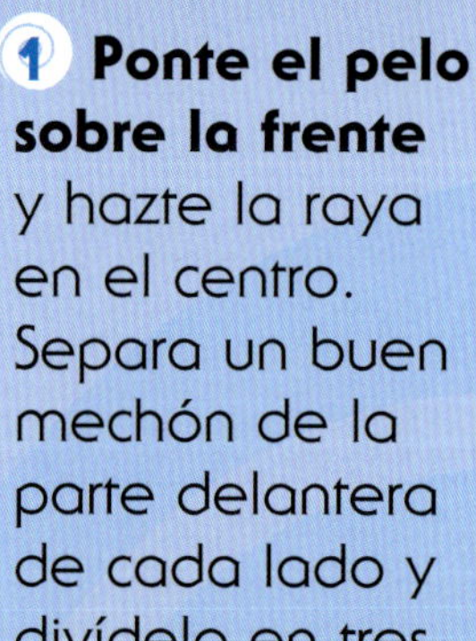

2 **Aparta uno de los tres mechones** y retuerce entre sí los otros dos, hasta completar la mitad de la trenza.

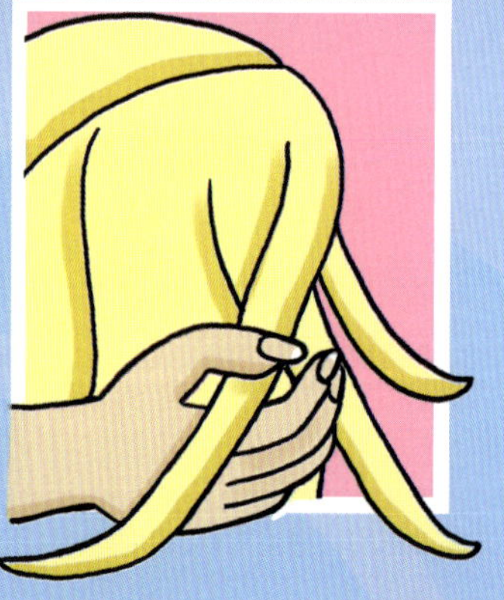

TRENZA DE RAÍZ

1 Coge un mechón de cabello de la frente y divídelo en tres partes **como para hacer una trenza normal**.

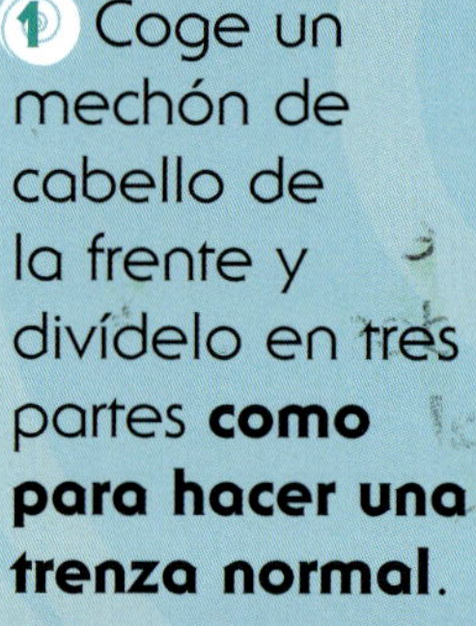

2 Ve pasando los dos mechones de fuera por debajo del central, como para hacer una trenza pero **por debajo**.

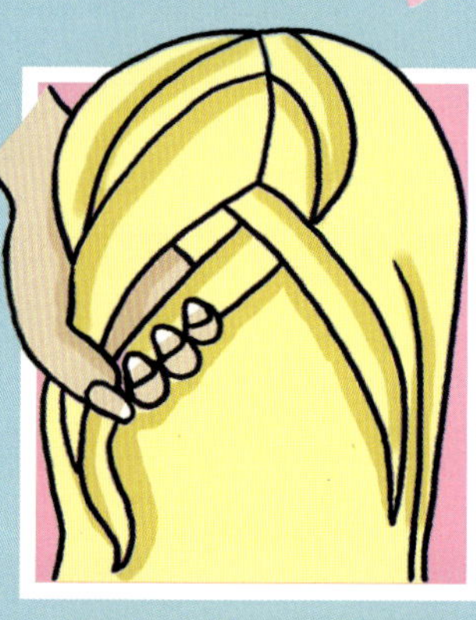

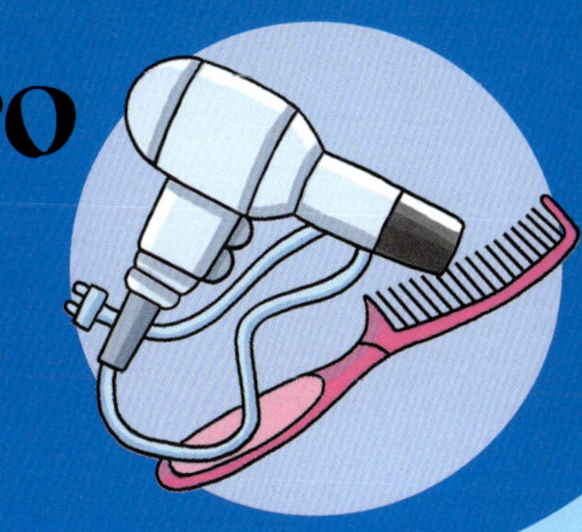

Antes de hacer las trenzas...

Humedece el pelo con un acondicionador de los que no se enjuagan o con un desenredante y péinalo con ciudado. Haz la raya en el medio, asegurándote de que esté perfectamente recta y definida, ya que esta línea constituirá la base del peinado. Escoge un lado para trabajar y sujeta el otro con una pinza.

Objetos útiles

3 Repite la misma operación con el otro lado de la cabeza, dejando también un mechón suelto.

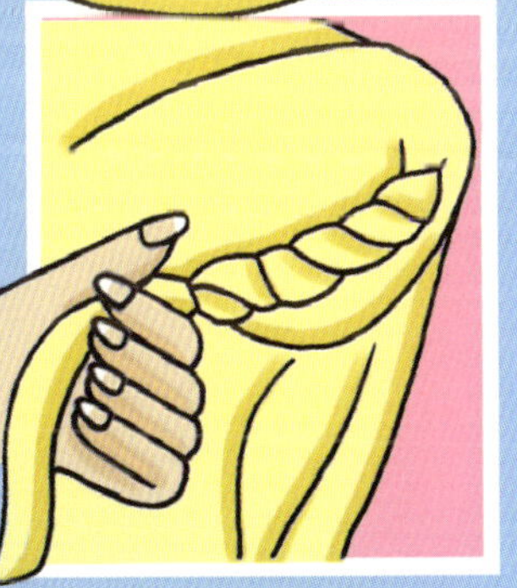

4 Completa por detrás el peinado, **trenzando el final de las dos trenzas laterales**. Sujeta el extremo con un lazo.

3 Continúa **añadiendo más cabello** a los mechones.

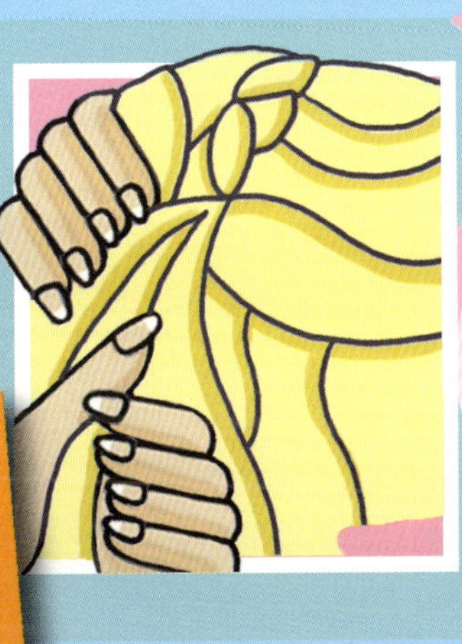

Adorna las trenzas con pincitas y cintas de colores.

Milkmaid Braid

Significa «trenza de la lechera» y, aunque el nombre no es muy atractivo, el efecto es muy bonito. Esta tendencia tiene éxito, desde hace tiempo, entre las estrellas, sobre todo en Estados Unidos. Las puedes usar en las ocasiones especiales o para todos los días. Perfectas para quien tiene el pelo largo y quiere llevarlo recogido sin recurrir a una vulgar cola de caballo.

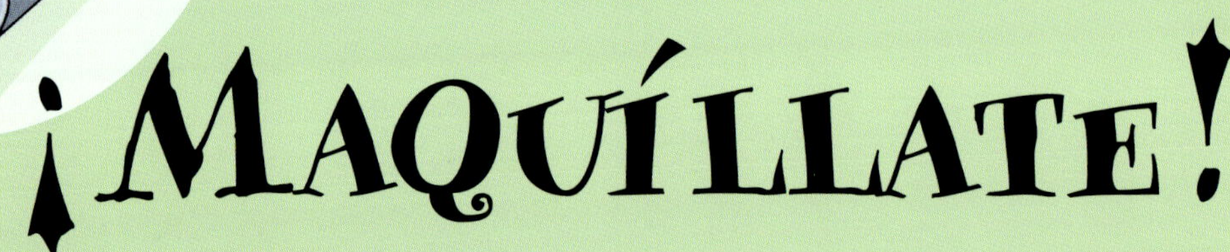

¡MAQUÍLLATE!

Vera

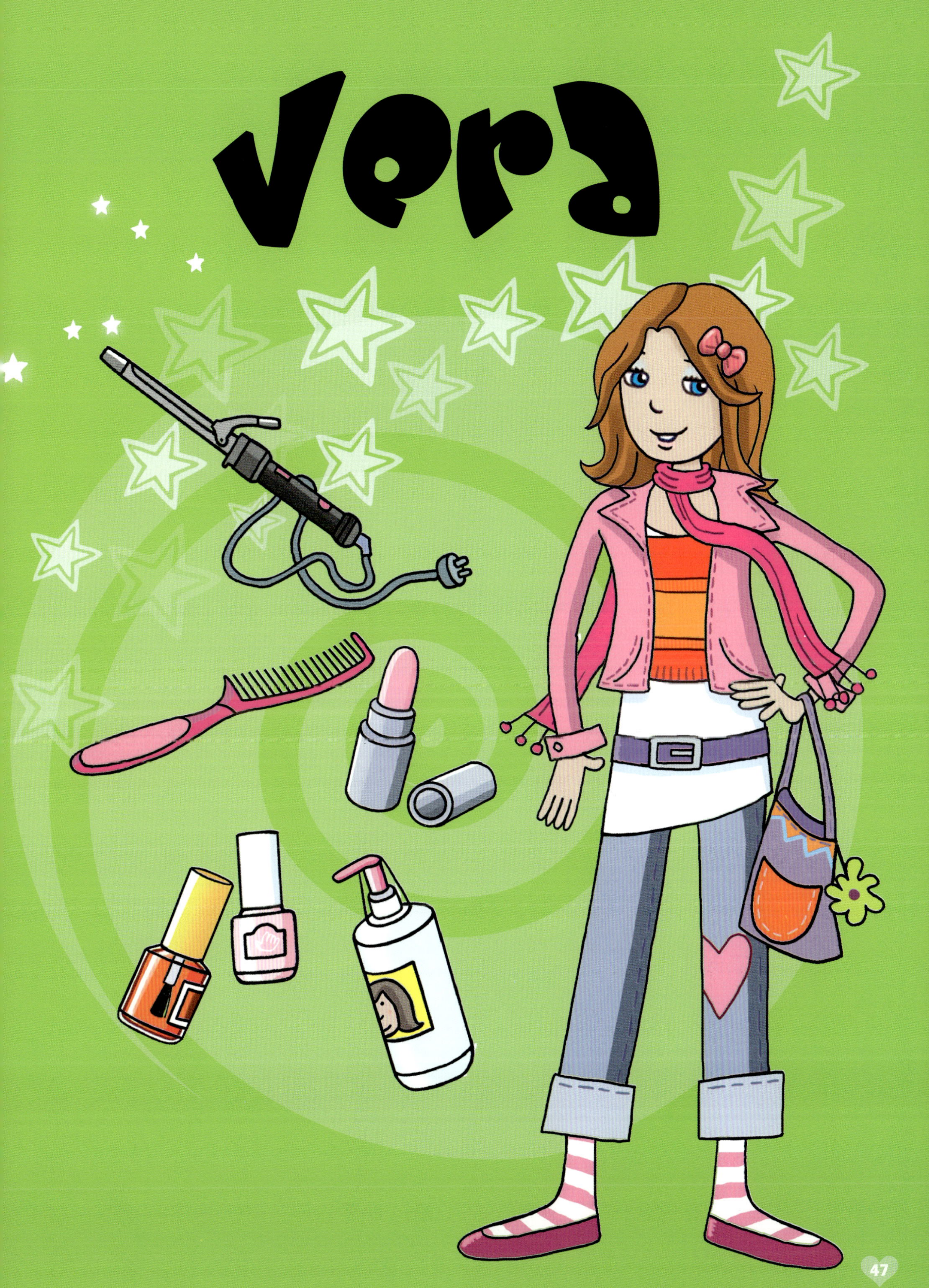

¡En 5 mínutos!

¿Cómo maquillarse rápidamente obteniendo un resultado perfecto? Mantén tus cosméticos en orden, usa los dedos en vez de los pinceles y elige colores delicados.

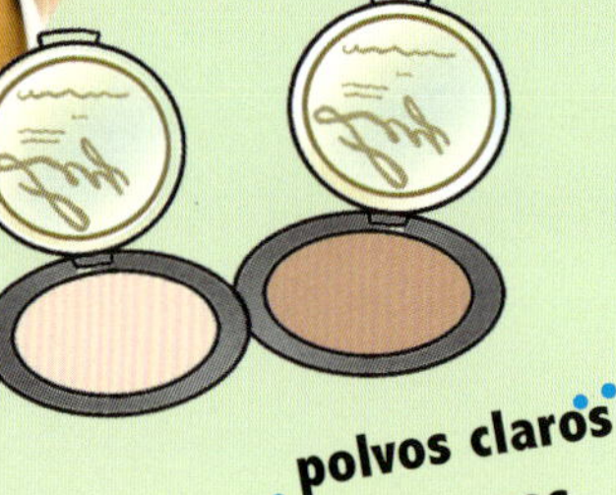

corrector de ojeras

polvos claros y oscuros

sombra oscura

pintalabios y brillo

La base de maquillaje

★ Elige un corrector de ojeras dos tonos más claro que tu piel.

★ Da golpecitos con la yema de los dedos en el contorno de los ojos, para que el corrector se absorba por completo.

★ Usa el corrector para disimular también pequeñas imperfecciones como granitos y pequeñas manchas.

1 Con una brocha ancha aplica los **polvos claros:** empieza desde el centro de la cara, difuminando hacia los contornos.

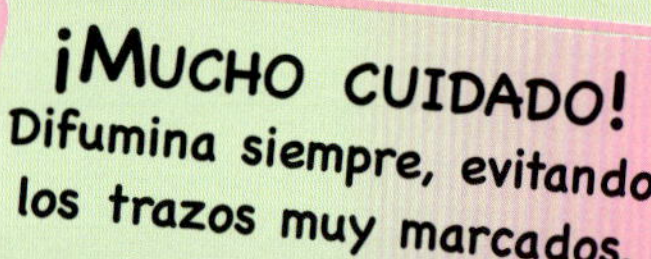

¡MAQUÍLLATE!

2 Ahora utiliza unos polvos dos tonos más oscuros para **armonizar las otras partes del rostro.**

UN CONSEJO
¡Los polvos sirven para eliminar las zonas brillantes!

3 **Intensifica tu mirada** usando esta sencilla técnica: aplica una **sombra de ojos oscura** (por ejemplo, azul oscuro) en el centro de los párpados; luego, difumínala con los dedos, poniendo más color en el ángulo interior del ojo.

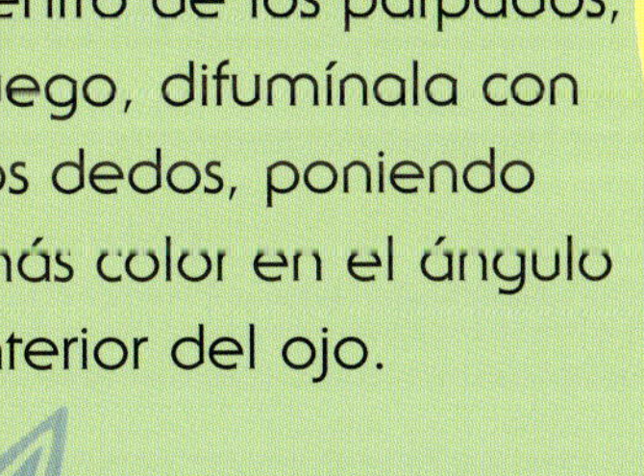

EL RÍMEL

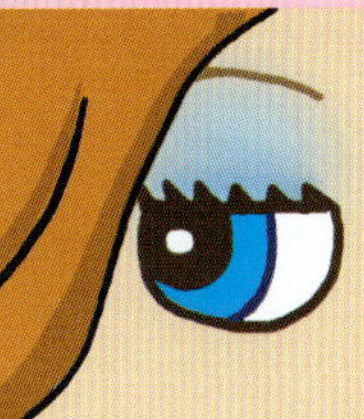

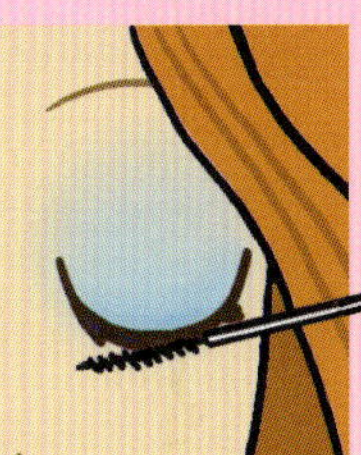

Se aplica partiendo del centro de las pestañas superiores, cepillándolas desde la raíz hacia las puntas y empujando hacia el exterior del ojo para alargar las puntas.

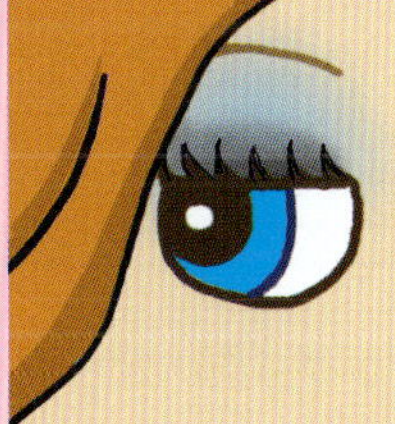

¡MUCHA ATENCIÓN!
¡Difumina bien la sombra oscura y evitarás el antiestético efecto «ojo morado»!

4 Aplica el **lápiz de labios** partiendo desde el centro de la boca hacia el exterior.

5 Para terminar y dar un toque de *glamour*, **añade un toque de brillo transparente** en el centro de los labios.

Para separar las pestañas y eliminar el exceso de rímel, basta peinarlas con un cepillito limpio. No es aconsejable usar el rizador de pestañas después del rímel, pues éstas se ponen rígidas y podrían arrancarse.

COLORETE Y POLVOS

¿QUÉ ES EL COLORETE?

El colorete sirve para marcar los pómulos, permitiendo modelar la forma del rostro, y es ideal para iluminar el color de la piel bronceada durante el verano. El colorete puede ser opaco o nacarado: el primero sirve para crear sombreados suaves y para corregir; el segundo, para iluminar.

En crema

Adecuado para pieles maduras; para difuminarlo mejor se aplica después del maquillaje y antes de los polvos.

En gel

Se usa en verano para acentuar de manera natural el bronceado.

En polvo

El más usado. Existe una amplia gama de colores y es fácil de difuminar.

Elección del color

En tu neceser no deben faltar los **colores básicos:**

MARRÓN
Para suavizar los rasgos.

LADRILLO
Para dar un matiz cálido.

NARANJA
Se usa sobre todo
en verano.

ROSA
Para dar transparencia.

Naturalmente estos colores los encuentras en muchas tonalidades y sólo necesitas escoger las más adecuadas para ti.

Lo importante es elegir los colores más naturales. Ten en cuenta que los polvos bronceadores se pueden usar con el mismo fin que el colorete.

¡MUCHA ATENCIÓN!

¡Difumina todo muy bien! No hay nada peor que esos horribles parches de color en las mejillas.

APLICAR EL COLORETE

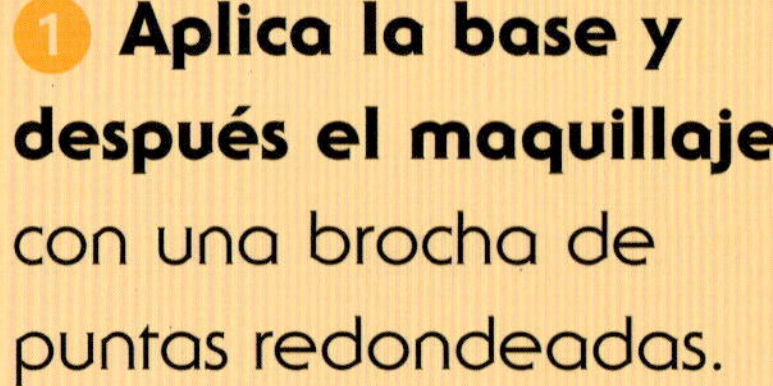

1 **Aplica la base y después el maquillaje** con una brocha de puntas redondeadas.

2 Toma una pequeña cantidad de colorete y aplícalo siempre desde arriba, **desde la oreja hacia el pómulo**.

¿QUÉ SON LOS POLVOS?

Los polvos están compuestos de talco y otras sustancias como carbonato de magnesio, almidón de maíz, colorantes, perfume, etc.

Para aplicarlos mejor, utiliza una borla aterciopelada; elimina el exceso con el dorso de la mano antes de pasarla por la cara. Difumínalo por todo el rostro y bajo el cuello delicadamente.

3 Para un aspecto más natural, haz una segunda aplicación **con un color rosado o con tonos naranja** y difumina todo con el maquillaje.

¡Maquíllate!

Los polvos son necesarios para dar a la piel un acabado mate y fijar el maquillaje.

Consejos prácticos

• **Cara redonda**
Aplica el colorete **de las sienes a las mejillas.** Después por la mandíbula, difuminando hacia el cuello.

• **Cara alargada**
Aplica el colorete **horizontalmente** de la oreja a la nariz y luego en la parte alta de la frente y el mentón.

• **Cara cuadrada**
Aplica el colorete **verticalmente** hacia las mejillas y luego extiéndelo hacia la mandíbula.

Ojos: EYE-LÍNER Y SOMBRAS

La pareja perfecta para dar un toque de misterio a tu mirada; con el delineador dibujas y alargas el contorno de los ojos; con las sombras obtienes una mirada más luminosa e intensa.

¿Qué es el eye-liner?

El *eye-liner* o delineador es un cosmético líquido que **se aplica** con **un pequeño pincel de punta suave o dura**. Define los ojos con un trazo más nítido, preciso y duradero que el lápiz, pero hay que ser hábiles en aplicarlo: hay que tener buen pulso para obtener un resultado perfecto.

Consejos prácticos

Si tienes...

* **Ojos prominentes:** USA UNA SOMBRA OSCURA sobre todo el párpado y evita las sombras irisadas.

* **Ojos claros:** es mejor EVITAR LAS SOMBRAS QUE TENGAN LA MISMA TONALIDAD del iris.

* **Ojos hundidos:** USA EN LA MITAD INFERIOR DEL PÁRPADO UNA SOMBRA CLARA Y LUMINOSA, Y EN LA MITAD SUPERIOR UNA OSCURA, alargándola hacia el ángulo exterior del ojo.

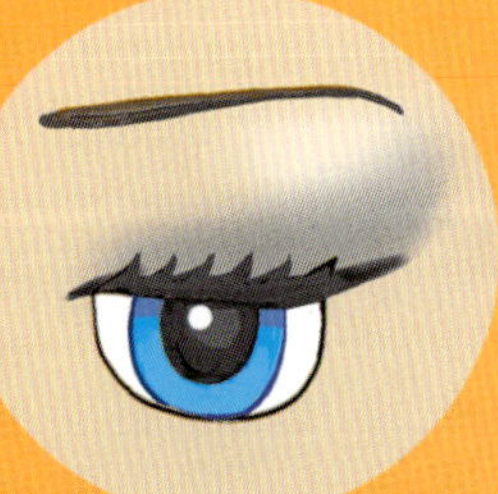

* **Ojos pequeños,** muy juntos o hundidos: TRAZA UNA LÍNEA FINA con el *eye-liner* a partir del centro del párpado y difumínala ligeramente.

* **Ojos grandes**: si quieres darles forma de almendra, con el *eye-liner* traza UNA LÍNEA DELGADA PARTIENDO DESDE EL CENTRO DEL PÁRPADO y hazla más ancha hacia el exterior.

* **Ojos muy separados** y quieres «acercarlos»: hay que TRAZAR LA LÍNEA DEL *EYE-LINER* DESDE EL ÁNGULO INTERIOR del ojo hasta el centro del párpado y luego DIFUMINARLA HACIA EL EXTERIOR.

¡MAQUÍLLATE!

1 Con el pincel, extiende la sombra clara (marfil, perla, rosa claro, etc.) sobre el arco bajo las cejas y sobre el párpado.

Aplica la sombra con una esponjita húmeda; es un truco para que dure más.

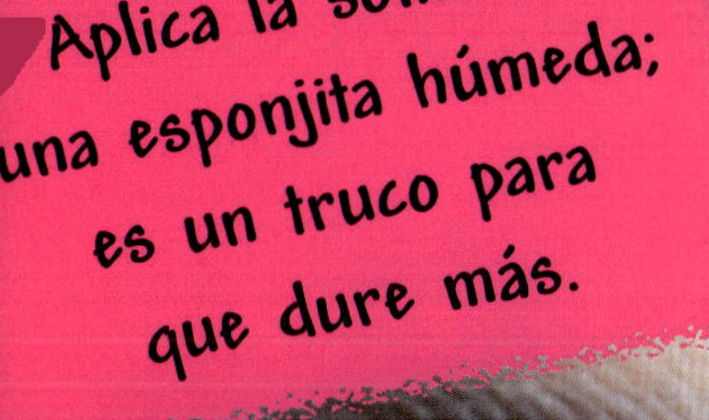

¿QUÉ ES LA SOMBRA?

La sombra es un cosmético que se usa para hacer más luminosa e intensa la mirada, creando juegos de luz y sombra con el color de los párpados. Puedes elegir entre tres texturas distintas.

En polvo

Es el más usado porque es fácil de aplicar; se adhiere bien a la piel, dura más y se puede retocar fácilmente.

En crema

Se extiende fácilmente, pero se corre con facilidad. Para evitar este inconveniente, hay que fijarla con los polvos.

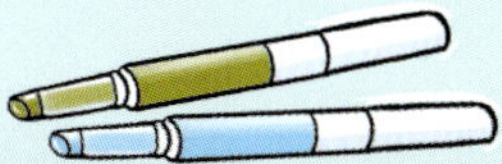

Líquida

Se presenta en formatos parecidos a los del *eye-liner*: se extiende con un aplicador especial y se difumina con un pincel.

2 Ahora extiende el tono más oscuro (marrón, negro, gris humo, etc.), poco a poco, cerca de los ojos y el pliegue del párpado.

CREA TU PERFUME

El perfume tiene un gran poder evocador... Déjate guiar por tus emociones y tu instinto al escoger el aroma que mejor te describe.

¡Maquíllate!

• ANTIGUO EGIPTO •

Se dice que los primeros en usar el perfume como instrumento de belleza fueron los egipcios, que usaban ungüentos y extractos naturales. El incienso y la mirra eran sus esencias preferidas.

• SIGLO XVIII •

Es la edad de oro del perfume, un producto ligado al concepto de nobleza. Por desgracia, el hábito de no ducharse iba unido al de rociarse el cuerpo con esencias.

• SIGLO XX •

El perfume se convierte en objeto de lujo. Los frascos son obras de arte, las etiquetas evocan atmósferas exóticas y la química aplicada a la industria permite la producción en masa.

Guía para el uso del perfume

Puntos estratégicos

Ponte unas gotas detrás de las orejas, en el pulso de las muñecas y en el interior del codo, como sugería Coco Chanel: **«Perfúmate donde quieras que te abracen».** Pero no exageres: ¡evita marear a los que te rodean!

Perfume mediterráneo

Cantidad final: unos 60 ml

Los ingredientes se encuentran fácilmente en la herboristería.

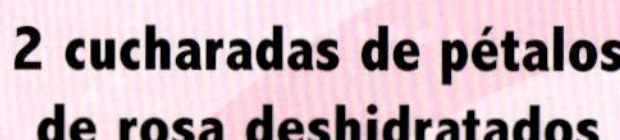

2 cucharadas de pétalos de rosa deshidratados

1/2 cucharadita de albahaca deshidratada

1/4 de tacita (de café) de alcohol para perfume

un poco de glicerina o aceite de ricino

1/2 cucharadita de romero deshidratado

1/2 cucharada de corteza de cítricos deshidratada (naranja, lima o limón)

1/2 cucharadita de menta deshidratada

¡Maquíllate!

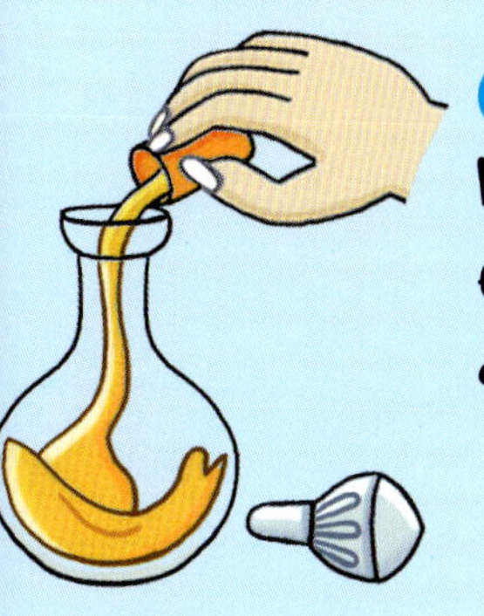

1 Mezcla todos los ingredientes en un recipiente de cristal.

2 Ciérralo con un tapón.

3 Déjalo reposar durante una semana en un lugar fresco.

Cómo se aplica

Si el perfume tiene vaporizador, rocíalo en el aire hacia arriba y **entra en la «nube»** con todo el cuerpo. En verano úsalo sólo después del atardecer, para que el sol no forme manchas en la piel.

Para que dure

Para hacer que el perfume dure más tiempo sobre la piel, **combínalo con productos de la misma línea:** crema hidratante para el cuerpo, crema de manos, vaporizador para el cabello o polvos de la misma fragancia.

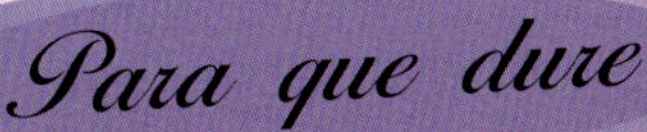

BRILLOS Y PINTALABIOS

El brillo para labios es fácil de usar, fresco y divertido; va muy bien en verano y primavera. El pintalabios, más elegante y «cálido», es más adecuado para el invierno.

¿Qué brillo elijo?

Compra un brillo de labios con aplicador, así podrás dosificar y extender mejor el producto. Si tienes labios secos o demasiado finos, puedes usar un voluminizador antigrietas.

ESCOGE EL COLOR ADECUADO

La elección de la tonalidad apropiada depende de algunos parámetros que garantizan la armonía general: hay que tener en consideración **el color de la piel y del cabello** según el esquema de aquí abajo.

¿QUÉ ES EL BRILLO?

El brillo de labios, o *gloss*, es un cosmético que hace que los labios se vean más brillantes. Se aplica como el pintalabios pero, a diferencia de éste, es transparente. Además de los brillos normales, que dan sólo un efecto luminoso, existen brillos de colores, con brillantina y aroma de frutas.

CABELLO
rubio
COLOR DE PIEL
rosado
PINTALABIOS
rosa, marfil

¡MAQUÍLLATE!

Es, sin duda, el cosmético más usado, indispensable para resaltar al máximo los labios.

Sugerencias
El pintalabios

Para acentuar el volumen y la forma de los labios, **RECUERDA ELIMINAR SIEMPRE LA PIEL MUERTA**, frotando delicadamente en sentido horizontal con un cepillo de dientes seco.

Con un pincel adecuado, coge un poco de pintalabios de la barra y extiéndelo por la boca, aplicándolo DESDE EL CENTRO HACIA EL EXTERIOR.

CABELLO
negro
COLOR DE PIEL
claro
PINTALABIOS
rojo vivo

CABELLO
castaño
COLOR DE PIEL
bronceado
PINTALABIOS
colores encendidos

CABELLO
rojo
COLOR DE PIEL
rosado
PINTALABIOS
melocotón, naranja, rojo

TATUAJES TEMPORALES

No es buena idea hacerse un tatuaje permanente porque un día podría dejar de gustarnos. La solución es el tatuaje de henna, que te permite experimentar sin dañarte la piel.

¿QUÉ ES LA HENNA?

La henna o alheña es una sustancia que se obtiene de las hojas de un árbol de la familia Lythraceae, *Lawsonia alba*. Se utiliza para tatuajes temporales en las manos y los pies, pero se puede aplicar también sobre el cabello para teñirlo o cuidarlo.

henna en polvo

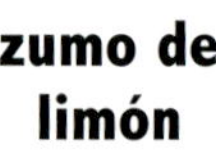

agua caliente

zumo de limón

1 Mezcla en una vaso de cristal hasta obtener una pasta untuosa:

4 **dos cucharadas de henna;**

4 **una taza (de té) de agua caliente;**

4 **una cucharada de zumo de limón, agua de rosas o flores de azahar.**

2 **Para evitar las manchas de henna en la cara y la piel,** impregna un poco de algodón con aceite de oliva y ponlo en las zonas que podrían mancharse en contacto con la henna.

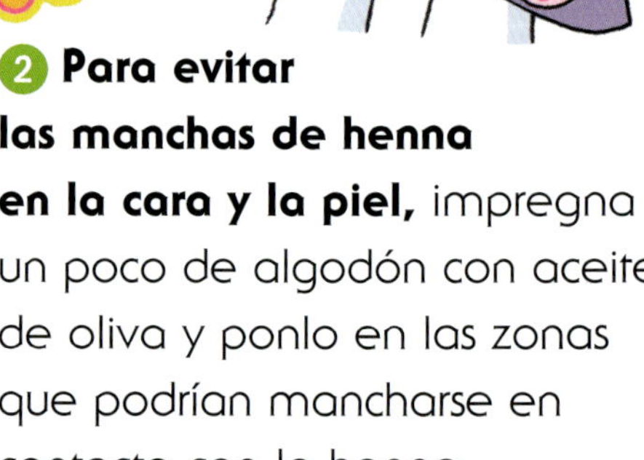

UN SECRETO

Para que quede un bonito tatuaje de henna, es necesario utilizar polvo fresco.

¡Maquíllate!

③ Calienta un poco la mezcla y espera tres minutos antes de usarla.

¡Mucha atención!

Según el dibujo que escojas, será más fácil utilizar, en vez de una jeringuilla, un pincel o un punzón.

UN SECRETO

No hay que mojar el dibujo mientras el color se fija. Para evitar el contacto con el agua, si no hay manera de evitarlo, puedes poner un poco de aceite natural o usar guantes de goma para protegerlo.

④ Aplica la pasta en la piel con ayuda de una jeringuilla (sin aguja, claro), dibujando la figura elegida. **Después de la aplicación hay que esperar al menos una hora** antes de lavarse o vestirse. Cuanto más tiempo lo dejes actuar, más duradero será.

UNA SUGERENCIA

Cuando te lo quieras quitar, lávate frecuentemente con jabón o sécate frotando con la toalla. La henna penetra en la piel; por lo tanto, necesitarás varios días para eliminar el dibujo.

¿QUÉ ME PONGO?

Lucía

¡Cambia de look ya!

Si tu aspecto no te satisface, la vuelta a clase es la ocasión perfecta para crear uno completamente nuevo. ¡Estarás tan guapa que tus amigos no te reconocerán!

CABELLO

✔ El cabello es el primer aspecto en el que puedes experimentar para cambiar de *look*. **Es el marco de la cara** y, por lo tanto, es importantísimo en la fisonomía de la persona.

¿Qué me pongo?

✔ Si te parece drástico cambiar el **color del pelo** o el **corte, el peinado por sí solo puede ser una gran innovación**. Puedes pasar de los rizos salvajes y naturales al cabello completamente lacio.

✔ O por ejemplo, ¿usas gafas? ¿Por qué no pruebas las **lentillas?** Los hay también de colores; un iris de color intenso es un fuerte punto de atracción. Existen lentes de contacto de tonalidades increíbles: violeta, verde esmeralda, nuez, turquesa. **Para un efecto más natural, puedes limitarte a intensificar el color natural de tus ojos.**

✔ Si usas gafas, ¿por qué no eliges una **nueva montura** con la forma adecuada para tu tipo de cara? Las hay para todos los gustos.

A veces querríamos revolucionar nuestro *look*, pero no tenemos el valor suficiente, pues tememos que todo termine en un desastre.

Internet, cada vez más, nos puede ayudar. Existen sitios que te permiten jugar con tu propio aspecto, escogiendo un maquillaje diferente, un corte de cabello alternativo o una manera de vestirse completamente diferente a la habitual.

EL ARMARIO

✔ No necesitas cambiar completamente el guardarropa. Basta con comprar algunas piezas clave para el nuevo *look* que deseas adoptar y, con un poco de imaginación, **hacer combinaciones diferentes, aprovechando lo que ya tienes en tu armario.**

✔ Para un estilo más urbano, **combina una chaqueta elegante con tus vaqueros de todos los días** o lleva zapatos de tacón con la falda en lugar de las bailarinas.

¿QUÉ ME PONGO?

MAQUILLAJE

✔ Existen técnicas que resaltan más el rostro de cada persona, pero también son capaces de comunicar el **mensaje que se quiere transmitir, ¡la idea que quieres dar de ti misma!**

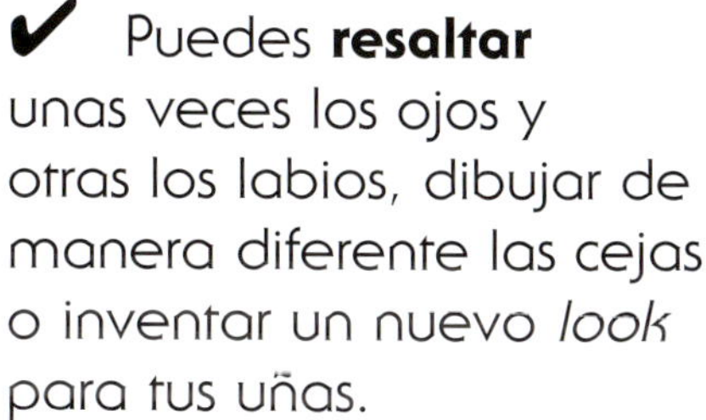

✔ Puedes **resaltar** unas veces los ojos y otras los labios, dibujar de manera diferente las cejas o inventar un nuevo *look* para tus uñas.

UN BUEN CAMBIO PUEDE SER DEJAR DE USAR RAYOS UVA Y EMPEZAR A UTILIZAR UNA BASE DE MAQUILLAJE MÁS CLARA O MÁS OSCURA.

TENDENCIAS PARA EL INVIERNO

Hay algo divertido en la moda de invierno... Necesitas más ropa para protegerte del frío, así que tienes más cosas para elegir en el armario, así como accesorios para combinar.

SUPERPUESTO

1

¡Piezas para llevar superpuestas y decoraciones barrocas!

Faldas de varias formas y largos llevadas sobre los pantalones; mallas que asoman por la cintura del vaquero; medias de colores vivos o con rayas que cubren los pantis y surgen de botines o botas; cinturones tan anchos que se transforman en microfaldas... y la gran novedad: ¡el corpiño encima de la camisa!

¿Qué me pongo?

2 · ¡Medias sí!

¡Medias de todos colores! Se terminó la era «piernas desnudas», sobre todo en invierno... Disfruta con los colores, estampados y materiales diferentes.

3 · LAS BOTAS

¡Las botas están siempre de moda! Se siguen llevando los botines hasta el tobillo, cada vez con más plataforma..., sobre todo con piezas muy femeninas.

EL PONCHO

¡El poncho está de moda!

Capas, toquillas y ponchos. Vuelve a las pasarelas esta pieza que vivió su momento de gloria en los años 70. Existen muchas versiones que lo hacen perfecto tanto para el día como para la noche.

EL BLANCO

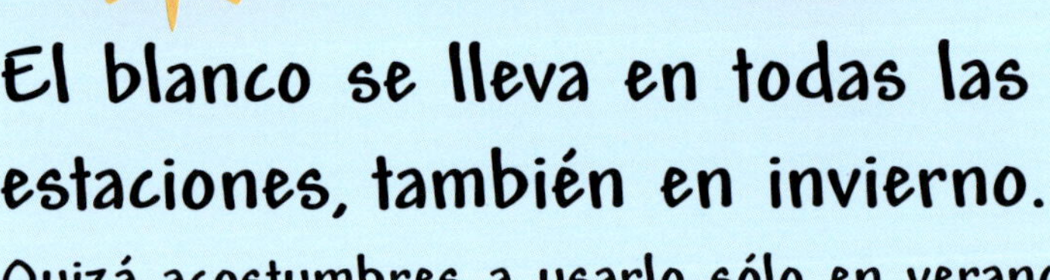

El blanco se lleva en todas las estaciones, también en invierno...

Quizá acostumbres a usarlo sólo en verano, pero vale la pena probar este color con el frío. Para un *look* informal, queda perfecta la clásica camisa blanca (puede ser de corte masculino) ¡con vaqueros claros!

¡VIVA EL COLOR!

¡Un invierno de colores!

Amarillo, fucsia, rojo, camel, pero obviamente ¡también negro! Añade algún accesorio verde o azul... son los colores más indicados para alegrar el invierno.

¿QUÉ ME PONGO?

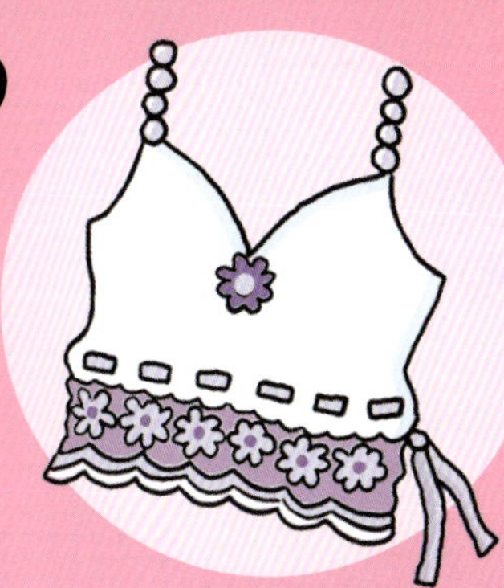

7

JERSÉIS ENORMES

Siguen de moda los jerséis amplios, una tendencia que hemos visto las temporadas anteriores, pero éstos se vuelven cada vez más sofisticados.

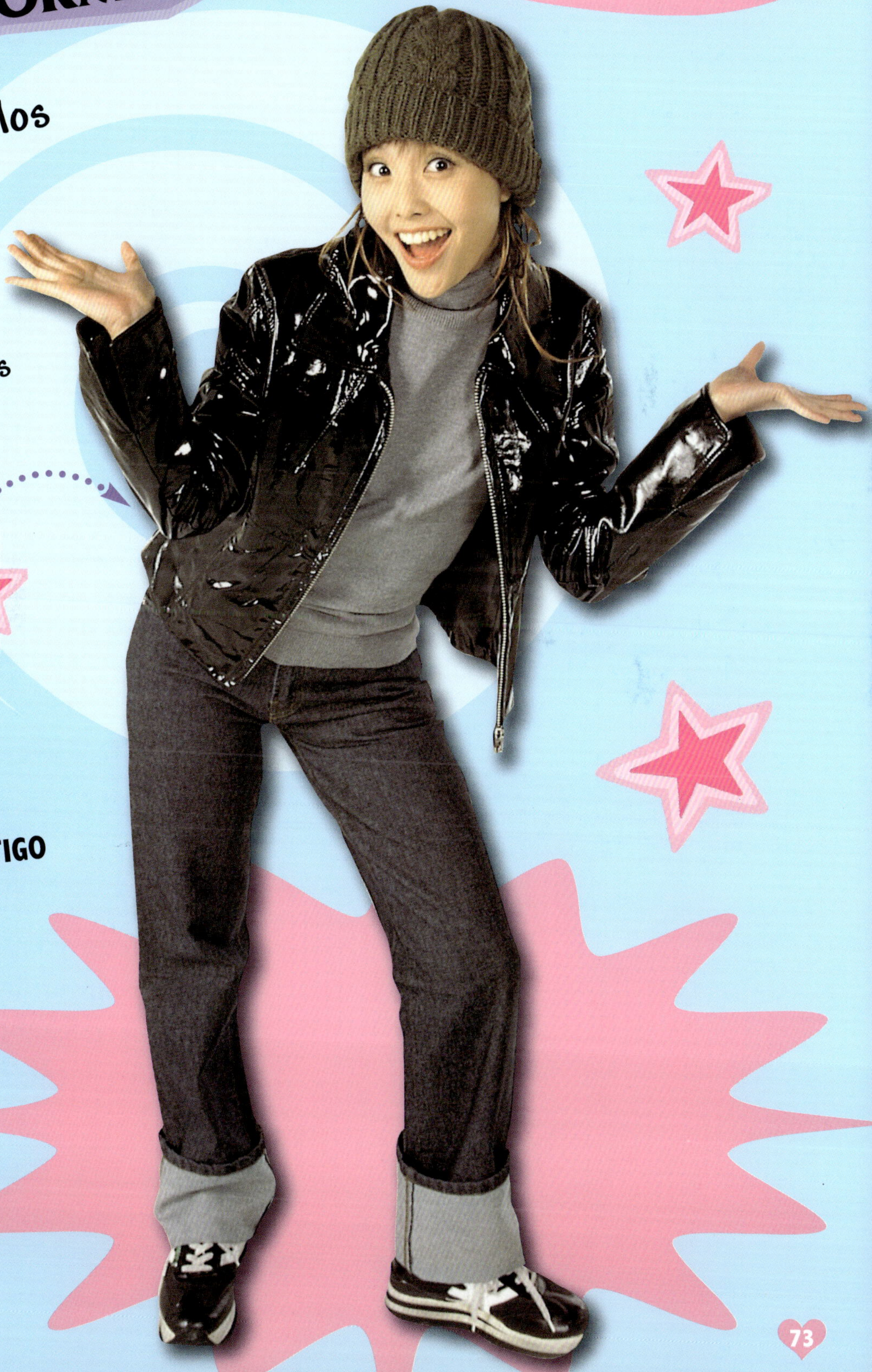

LO MÁS IMPORTANTE ES SENTIRTE CÓMODA CONTIGO MISMA Y RECUERDA...

¡SON SÓLO CONSEJOS!

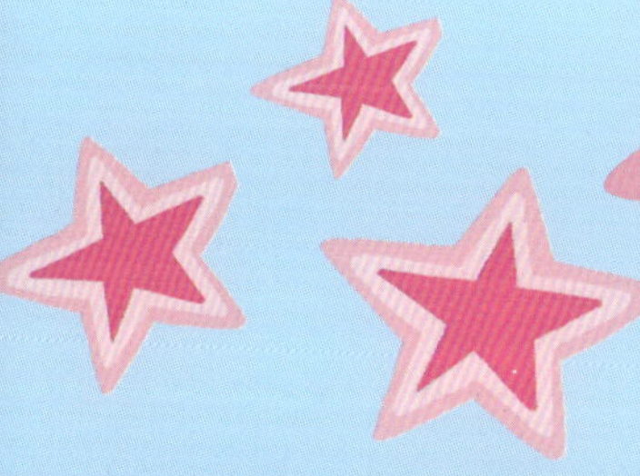

TENDENCIAS PARA EL VERANO

¿Lista para las vacaciones? El calor, el sol, el bronceado, el perfume, los colores, nuevas amistades, aventuras... ¡Escoge tu *look*!

1 ACCESORIOS DE PAJA

La bolsa y el sombrero de paja son ideales para el verano. Los nuevos modelos de bolsas vienen en diferentes colores y con pañuelos decorativos. Se llevan en la playa, como las actrices ¡pero también son perfectos para una tarde en la ciudad!

¿Qué me pongo?

2 CHANCLAS

¡No hay verano sin chanclas!

Sin duda son sinónimo de vacaciones, mar y calor. Este calzado fresco y alegre es imprescindible en verano para expresarte y divertirte. Pero las chanclas no se usan sólo en el mar: hay modelos monísimos que van muy bien con los vestidos veraniegos (lee la página 94 para hacerlas más originales).

3 ¡COLORES!

¡Colores de moda!

La moda primavera-verano se impregna de tonos frescos y frutales, como el amarillo limón, para un resultado realmente refrescante. También tenemos las variadas y atractivas tonalidades del verde: verde menta, verde pálido, verde esmeralda. Pero si prefieres los tonos más tiernos elige el rosa pálido y el azul cielo. Todos estos colores, naturalmente, se combinan con el indispensable blanco.

¡Traje de baño «trikini»!

En las últimas temporadas el traje de baño ha evolucionado. Cortes y juegos de líneas lo hacen diferente y sexy. ¿Ya te sientes como una «vigilante de la playa»?

Pendientes, collares y pulseras

Cuanto más grandes, con más color y rebuscados, mejor. En estilo étnico o clásico. Pendientes llamativos se llevan con collares llamativos pero, si quieres, puedes mezclar dos estilos totalmente diferentes. Eso sí, todos tienen que ser ¡king size!

6

CAMISETAS

La camisetas se combinan de manera extravagante...

En lugar del clásico conjunto de camiseta con vaqueros, llévala bastante larga con una minifalda o *short* (casi como un minivestido).

¡TRUEQUE MODERNO!

¿Por qué no organizas un

MERCADILLO

para intercambiar ropa y accesorios?

No se trata de un mercado de segunda mano, sino de una verdadera fiesta en casa, en la cual deshacerte de lo que no te gusta y quizá encontrar alguna prenda que responda a tus actuales gustos.

La fórmula es muy simple: se fija una fecha, se llama a un grupo de amigas y se intercambian pantalones, vestidos y collares olvidados en el armario, sin gastar ni un **euro**.

TEST: ¿CUÁL ES TU ESTILO?

¡La moda es y será siempre nuestra gran pasión! Es divertida y nos hace soñar. Cada una de nosotras interpreta las tendencias del momento según su manera de ser.

1

Te vas de vacaciones: ¿cuál es tu maleta ideal?

A) Maleta *trolley*.
B) Mochila.
C) ¡Todo mi armario!

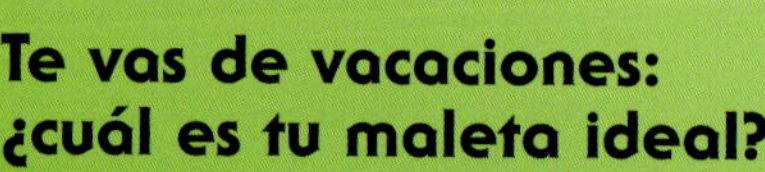

2

Desde que te levantas hasta que sales para ir a clase, pasa:

A) Una hora.
B) 15 minutos.
C) El tiempo necesario
   para estar perfecta.

3

Antes de una cita importante te manchas la blusa...

A) Corres a una tienda y compras otra igual.
B) Escondes la mancha abotonando el suéter.
C) Corres a casa a cambiarte.

¿QUÉ ME PONGO?

4

Para estar en casa te vistes con:
A) Chándal.
B) Lo mismo que usaste para la calle.
C) El pijama de ositos o fresas.

5

¿Cómo gastas tu dinero?
A) En productos audiovisuales.
B) En revistas y cómics.
C) En ropa y accesorios.

6

Para la elección de tu guardarropa te basas en:
A) Tu buen gusto.
B) El precio.
C) Las revistas especializadas.

7

Los accesorios a los que das más importancia son:
A) Los zapatos.
B) Los accesorios no son esenciales.
C) Todos: no descuidas nada.

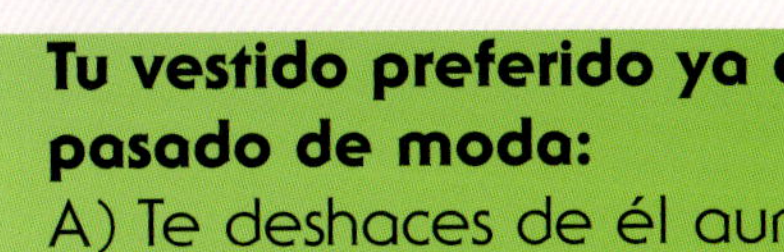

8

Tu vestido preferido ya está pasado de moda:
A) Te deshaces de él aunque te duela.
B) ¡Que nadie lo toque!
C) Te lo pones muy poco.

MAYORÍA DE:

A

IMPECABLE

Adoras la sobriedad, sencilla y esencial. No te gusta destacar ni usar colores llamativos. Para ti los accesorios son un complemento insustituible. Es difícil encontrarte desaliñada... siempre estás perfecta, incluso en casa.

DEPORTIVA

Es inútil, los vestidos elegantes no te llaman la atención. Adoras los vaqueros, las camisetas pegadas al cuerpo, las deportivas, todo con una pizca de imaginación. Tu guardarropa tiene mil colores y tejidos cómodos, prácticos y un pelín extravagantes.

C

A LA ÚLTIMA

Tu guardarropa es variado y completo. Práctico, pero con una clase innata y elegancia. Buscas siempre estar a la moda. No te gusta vestirte deprisa y sin reflexionar, aunque lo haces si es necesario. Eso sí, al final ¡debes estar súper, cueste lo que cueste!

VAQUEROS DECORADOS

¡Es imposible prescindir de los vaqueros! Hay modelos para todos los gustos, pero ¿por qué no personalizarlos con fáciles decoraciones? Tus viejos vaqueros pueden convertirse en una prenda especial y única.

Pintura en spray

Con un pedazo de cartón **haz unas plantillas** recortando los espacios que quieres pintar y dejando el cartoncillo completo en las áreas donde quieras que quede el color del vaquero. Puedes probar con letras, números o dibujos geométricos básicos. **Fija las plantillas y protege el resto del pantalón** con plástico. Después, **rocía con la pintura en *spray*** (¡incluso de color oro!). ¡El efecto está garantizado!

NECESITAS

- ✓ Un par de vaqueros viejos.
- ✓ Pinceles.
- ✓ Pintura para tela.
- ✓ Cuentas, aguja e hilo.

¡CUIDADO!
Si son nuevos, lávalos antes de aplicar el color.

Con los pinceles

La tela vaquera es una base excelente para decorar con pintura; puedes probar con pantalones, camisas y chaquetas, que se llenarán de color y enriquecerán tu estilo. Utiliza **pintura especial para tela;** la hay también **con efecto relieve.** Hay que dejarla secar muy bien y luego fijarla con la plancha, a baja temperatura, por el revés de la tela.

¡MUCHA ATENCIÓN! No diluyas los colores en agua porque con el tiempo podrían decolorarse.

Bordar con cuentas

1 **ESCOGE EL DIBUJO** DE TU DECORACIÓN (UNA FLOR, UN CORAZÓN, ETC.) Y LA PARTE DE LOS VAQUEROS DONDE LO VAS A HACER: QUEDA BIEN EN LOS BOLSILLOS TRASEROS O EN LA PARTE FRONTAL DEL MUSLO...

2 **HAZ EL DIBUJO** CON UN BOLI SOBRE UN PAPEL DE SEDA RESISTENTE Y FÍJALO EN EL TEJIDO CON ALFILERES. SI LO PREFIERES, PUEDES DIBUJAR CON TIZA O CON UN LÁPIZ SOBRE LA TELA.

3 **METE LA AGUJA** (EN LA MERCERÍA VENDEN AGUJAS ESPECIALES PARA CUENTAS, LARGAS Y FINAS) POR EL REVÉS DE LA TELA (DESDE ABAJO). ENFILA UNA CUENTA EN EL HILO Y VUELVE A PASAR LA AGUJA A TRAVÉS DE LA TELA.

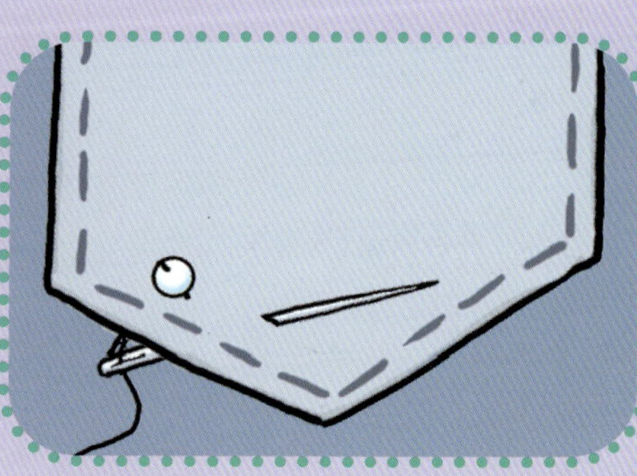

4 **Vuelve con la aguja** al punto de partida (punto 3) y enfila de nuevo la cuenta con el hilo. El hilo debe pasar siempre **2 veces**.

5 **Ensarta directamente la cuenta siguiente** antes de volver a clavar la aguja. Después, traspasa la tela, vuelve a salir entre las dos cuentas y vuelve a enfilar la segunda.

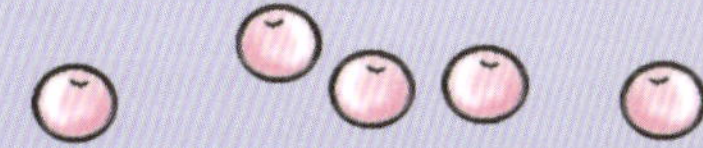

Si el hilo y aguja no te entusiasman, en las tiendas encontrarás bordados ya hechos; sólo hay que fijarlos con la plancha. Son rápidos, muy bonitos y resistentes. ¿Qué te parece una lluvia de brillantes y estrellas?

¡Haz punto!

¡Las prendas tejidas a mano están de moda entre las *fashion victims*! La nueva moda es «punto para todo», desde los abrigos a los jerséis, de los vestidos a los bolsos: una moda fácil de realizar para quien adore trabajar con las agujas o quien pueda aprovecharse de la experiencia de la abuela.

¡Todas a tejer!

La nueva tendencia llega desde Estados Unidos, y más concretamente, de Nueva York, donde se han abierto los *Knit Cafe*. Punto de encuentro para apasionadas del punto, que se dan cita en estos lugares de moda a fin de conversar y hacer punto juntas. Tejer está cada vez más de moda, ya que se considera un modo para liberar tensión, despejar el cerebro y potenciar la creatividad. Por eso ya están llegando a nuestro país los bares donde, entre una bebida y un tentempié, es posible hacer punto en compañía de otras fans de este pasatiempo. Lo más impresionante es que esta pasión está contagiando también a la población masculina, a menudo reacia a participar en tales actividades creativas. Entre los amantes del punto más apasionados se cuenta el rudo ¡Russell Crowe!

La bolsas de lana forman parte de las piezas básicas del invierno. Pero no hay que olvidar las bufandas, chales y ponchos, faldas, jerséis, todo de punto hecho a mano con una trama original, para cubrirse con estilo. Con un poco de imaginación se pueden realizar también collares y pulseras.

¿Qué me pongo?

Hacer punto es un arte en el que se usan ambas manos. **Se elabora pasando la lana de una aguja a otra, de izquierda a derecha.** Existen varias maneras de sujetar y manejar la lana y las agujas, así como una amplia gama de puntos.

Deberás hacer algunas pruebas hasta encontrar el más cómodo para ti. Comienza haciendo pasar la lana entre los dedos. **Pide ayuda a la abuela o en una tienda especializada,** te guiarán paso a paso en tus creaciones. Puedes empezar con una simple bandana para el pelo. Te bastará un solo ovillo.

Si no sabes tejer ni tienes a nadie que te enseñe, con tres sencillos pasos puedes crear un *top* para el verano...

Coge una camiseta y recorta la parte superior por debajo de las mangas.

Corta la base y haz dos tiras.

Corta dos pequeños agujeros para los tirantes, que se fijan con dos simples nudos.

¡No necesitas aguja ni hilo! Sólo una vieja camiseta y unas tijeras.

CAMISETAS ESTAMPADAS

Una camiseta, sobre todo blanca, no puede faltar en nuestro armario. Combina con todo y puedes personalizarla haciéndola única. Te damos algunas sugerencias para que crees una camiseta alucinante.

LA CAMISETA BLANCA

Si hay algo que nunca pasa de moda (lo sé, esta frase la habrás oído mil veces) ¡es la camiseta blanca! Éstas son las razones:

✳ Va bien con todo.

✳ En la playa, cuando cae el sol una megacamiseta blanca, quizá con el cuello arrancado (como Jennifer Beals en Flashdance) en lugar de las clásicas prendas.

✳ Si es larga, queda perfecta con los leggings.

✳ Si es estrecha, combinada con unos vaqueros y zapatos con un poco de tacón, es perfecta para una velada mundana.

Prueba a escribir una poesía en una camiseta blanca... ¡Éxito asegurado!

¿Qué me pongo?

CREA UNA CAMISETA ORIGINAL Y ÚNICA

¿Te ha pasado que al entrar en una tienda ves una camiseta estampada y piensas: «yo lo habría hecho mejor»? Entonces, ¿por qué no hacerlo? Basta comprar en la papelería **pintura para tela.** Si puedes, elige **la que se aplica con la mano,** pues estimula el sentido del tacto y deja espacio a la diversión de mezclar y experimentar con los colores.

1 **Lava** la camiseta antes de pintarla.

2 Trata de **mantenerla tirante** y coloca un cartón grueso por dentro; de lo contrario, el color traspasará al otro lado.

3 Ahora **pinta directamente** con los dedos sobre la camiseta, o bien, si prefieres obtener un motivo más preciso, usa una plantilla y aplica la pintura con un pincel.

Si te gustan los dibujos de corazones y estrellas, los cortapastas de metal para hacer galletas son una plantilla perfecta.

PUEDES HACER PLANTILLAS PERSONALIZADAS CON UNA HOJA DE ACETATO O DE PLÁSTICO GRUESO.

Tu falda hippy

Sopla un viento de libertad sobre la moda. Es el estilo *hippy*: veraniego, soñador, vivo, lleno de color y fantasía. Déjate guiar... Nuestra selección bohemia es para la ciudad.

Coge una falda, femenina y *hippy*, y una camiseta grande y *grunge* ¡y combínalas! ¿Qué sucede? Has creado la nueva tendencia de esta temporada, que predica la unión de dos prendas opuestas, pero al mismo tiempo perfectas y cómodas, como la falda y la camiseta.

Crea y renueva

Da vida a prendas aburridas o cortas: las puedes actualizar con volantes de vestidos viejos, puedes inventar bordes o aplicar figuras con retales, decorarlas con botones o piedras brillantes.

No importa si el bajo es irregular, ¡algunos modistos lo prefieren así!

Superpón

Saca del armario algunas prendas y comienza a mezclar y a experimentar. La regla es superponer, así que una falda de volantes de verano se vuelve fácil de llevar si debajo llevas otra, también con volumen o hecha de una tela cálida y elástica.

Gusto mexicano

LA FALDA DE UN VESTIDO TIPO MEXICANO, CON BORDADOS DE COLORES EN EL BORDE PERO SIN NINGUNA GRACIA, SE PUEDE CONVERTIR EN UNA SUNTUOSA ENAGUA, BAJO UNA SENCILLA FALDA VAQUERA. DEPENDIENDO DE TU ESTADO DE ÁNIMO PUEDES LEVANTARLE UNA ORILLA CON UN ALFILER PARA DEJAR ENTREVER EL BORDADO DE COLORES O COLOCARLA SOBRE TUS RODILLAS AL SENTARTE, CON UNA GRACIA CALCULADA.

⑩ Una idea diez

REVUELVE EN LAS CAJAS DE ROPA DE TEMPORADAS PASADAS, ENTRE LAS PRENDAS VINTAGE DE LA FAMILIA, EN LOS MERCADILLOS Y RECUPERA ACCESORIOS HIPPIES PARA COMBINAR CON UN ESTILO MÁS CLÁSICO. PASARÁS UNA TARDE DIVERTIDA Y POR POCO DINERO DARÁS UN TOQUE DE ORIGINALIDAD A TU GUARDARROPA.

Cómo combinarlas

Con botas cómodas, de punta redonda y tacón mediano, de piel negra o cuero natural (tipo campera). Aunque también van bien con **botas rockeras** o con los **botines de cordones** del año pasado y un par de medias de encaje.

Con bailarinas Quedan genial los calentadores, llevados sobre un par de **sobrias bailarinas negras,** con tacón de 4 o 5 cm de ancho.

¿Qué me pongo?

La chaqueta

Puedes usar la que quieras con la falda, ¡con tal de que sea corta! **Cazadora de motorista,** plumas sintético o *blazer* de terciopelo, deben ser estrechos en el punto en que la falda se hace más ancha o terminar un poco más abajo, si no quieres verte «hinchada».

DECORACIONES CON CINTAS Y CUENTAS

¡Ha llegado la moda del «hágalo usted mismo»! La nueva tendencia es decorar y personalizar vestidos y accesorios. Vaqueros, cinturones, zapatos, bolsos y hasta relojes ¡vuelven a la vida!

BOLSO VAQUERO CON CINTAS

¿Qué necesitas?
- **Un bolso vaquera**
- **Cinta de raso**
- **Tijeras**
- **Cola para tela**
- **Alfileres**

▶▶ **Escoge las cintas** de colores parecidos y de anchos diferentes.

CHANCLAS CON CUENTAS

¿Qué necesitas?
- **Un par de chanclas**
- **Cuentas grandes (de las que se usan para las trencitas del pelo)**
- **Tijeras**
- **Aguja e hilo de nailon transparente**
- **Una cinta métrica**

▶▶▶ **Mide** las dos tiras de plástico que sujetan el pie. **Añade 35 o 40 cm y corta** esta cantidad de **hilo de nailon.**

Fíjalas al bolso con alfileres para hacerte una idea del efecto final.

▶▶ Cuando estés satisfecha del resultado, pega con cola las cintas al bolso. Si quieres, puedes añadir algunas cuentas.

▶▶ Con la aguja, pasa el hilo a través de las tiras de plástico.

▶▶ Inserta las cuentas girando el hilo alrededor de las tiras y, al final, remata bien.

¡De Fiesta!

Silvia y Juan

Haz las invitaciones

Todas las fiestas empiezan con una invitación. Las puedes comprar, pero hechas a mano son únicas y tienen un toque personal. ¡Distínguete creando una tarjeta original!

PARA LA TARJETA NECESITAS

★ cartulina de colores de 30 cm x 10 cm ★ botones de tamaños y colores diferentes ★ hilo negro y aguja ★ pegamento ★ cintas de colores ★ rotulador negro de punta fina

Invitación con botones

1 Dobla la cartulina por la mitad. **Cose los botones** repartidos por toda la portada de la tarjeta.

2 **Dibuja con el rotulador** unos hilos que salgan de los botones como si fueran globos. Une todos los hilos en la parte inferior como si estuvieran recogidos juntos.

PUEDES UTILIZAR UN CD Y ESCRIBIR ENCIMA CON ROTULADORES INDELEBLES DE COLORES. O, SI TUS AMIGOS Y TÚ FORMÁIS PARTE DE UNA RED SOCIAL EN INTERNET, NO ES NECESARIO HACER INVITACIONES A MANO. ENCONTRARÁS SITIOS WEB QUE OFRECEN DIFERENTES SOLUCIONES. ES MUY CÓMODO, SÓLO HAY QUE REGISTRARSE PARA CREAR UN ANUNCIO Y MANDARLO POR E-MAIL, MÓVIL O POR UNA WEB.

3 **Haz un lazo pequeño** con la cinta y pégalo donde se unen los hilos.

4 Por último, pega en el interior de la tarjeta una hoja de papel para **cubrir el hilo** con el que cosiste los botones a la cartulina. De esta manera habrás terminado tu tarjeta. **¡Sólo te falta escribir la invitación!**

¡S.R.C., si la invitación es muy formal!

Los nobles franceses fueron los primeros en introducir en las invitaciones formales las siglas R.S.V.P., *Répondez s'il vous plaît*, para pedir que se confirmara la presencia al evento. En español se usan las siglas S.R.C., que significan «Se ruega confirmación», o bien S.R.C.A., «Se ruega confirmar asistencia». Como no todo el mundo las entiende, se puede recurrir a un simple «Se ruega confirmación», escrito en letra más pequeña.

DECORA TU FIESTA

Decora el lugar donde recibirás a tus invitados con alegres guirnaldas de colores o adornos con un tema específico: ¡obtendrás la atmósfera adecuada y tendrás una fiesta inolvidable!

¡DE FIESTA!

papel de seda de colores

grapadora

hilo de nailon

1 Pliega como un acordeón las hojas de papel de seda (de unos 50 cm de largo y 10 o 15 cm de ancho) y dóblalas por la mitad formando un abanico.

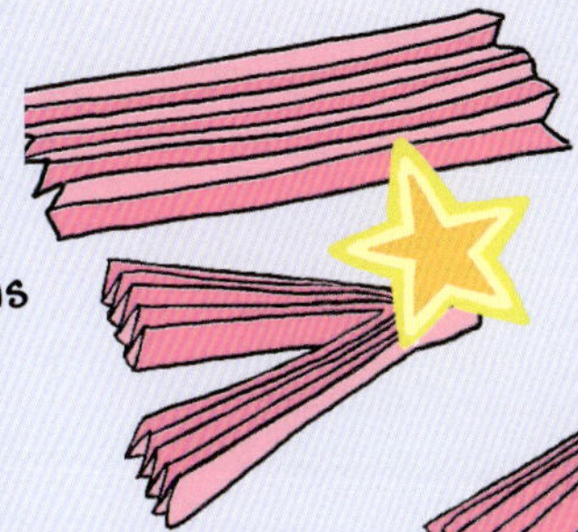

2 Con la grapadora, une los ángulos y repite la operación varias veces.

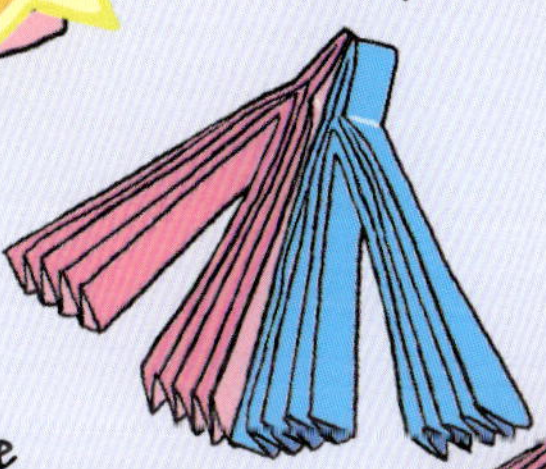

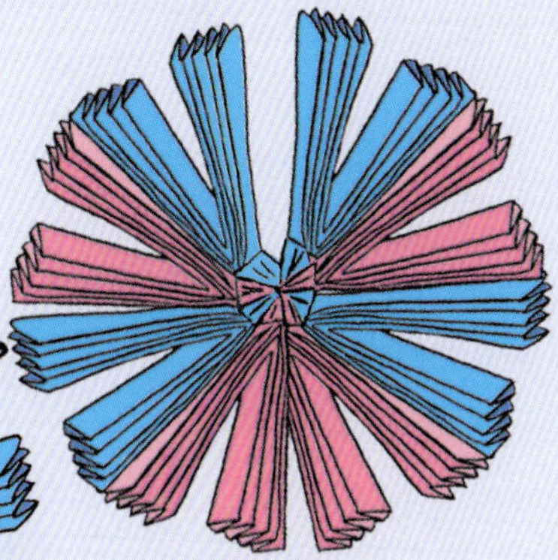

3 Haz tiras de diferentes colores, únelas todas con la grapadora y forma grandes flores multicolores.

4 Sujeta con grapas las flores al hilo de nailon, del largo deseado, y cuelga las guirnaldas.

UNA SUGERENCIA
Puedes formar composiciones geométricas usando palitos de madera o plástico.

¡Ésta es la decoración ideal para una fiesta de cumpleaños!

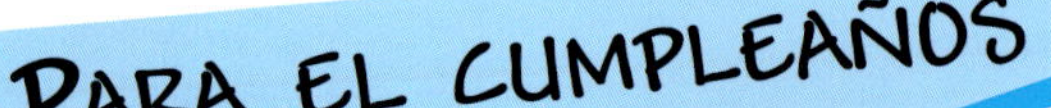

cinta de regalo

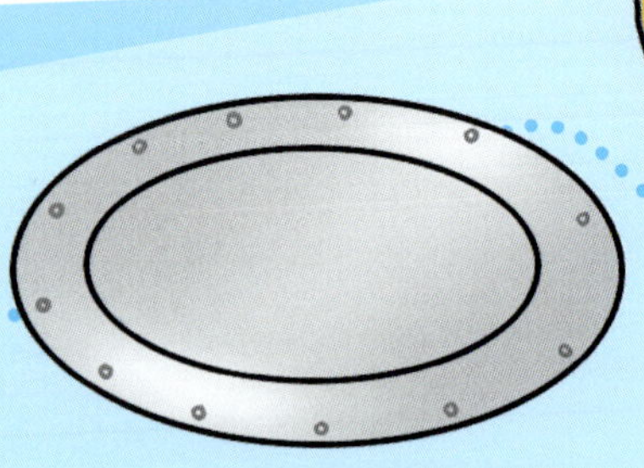

bandeja de borde ancho

cajitas

papel de regalo y papel metalizado

1 vaso

1 **Envuelve las cajitas** (puedes utilizar cajas de cerillas) con el papel de regalo. **Anuda una cinta alrededor de cada una.**

3 Con la medida del borde del vaso, **recorta discos de papel metalizado**.

2 **Pega los paquetitos por todo el borde** de la bandeja con la cinta.

4 **Recorta una espiral con cada disco**, partiendo desde el exterior hacia el centro. Pega las espirales a la bandeja entre los paquetitos.

Decoración de acordeón

★ Es muy fácil de hacer: bastan unas tiras largas de papel o cartulina de colores diferentes, de unos 2 cm de ancho. Une con la grapadora las dos puntas de las tiras de papel, colocándolas en escuadra (a 90°).

★ Después ve doblando una tira sobre otra, alternándolas y respetando siempre el ángulo de 90°. Continúa de este modo hasta conseguir la longitud deseada, uniendo las diferentes piezas, una detrás de otra, con pegamento o cinta adhesiva.

Fiesta hawaiana

Organiza con tus amigos una fabulosa fiesta recreando la atmósfera de las hermosas islas Hawái. Vístete con un pareo y sandalias, o con una femenina falda hawaiana, ¡con pulseras y collar de flores!

La decoración

Las palmeras: Las hojas se pueden hacer con gomaespuma, disponible en planchas bastante grandes, por ejemplo de 100 cm x 70 cm. Sólo debes recortarlas en forma de hojas de palma y luego pintarlas con pintura en spray. Para el tronco, usa cartón.

Los cocos: Aplastando papel de periódico, haz una bola y luego dale una forma ovalada (como la del coco), después fórrala con papel blanco y píntala de marrón... con rafia puedes hacer las rayas que tiene en la cáscara.

¡Naturalmente los collares de flores se hacen con papel pinocho y cordón!

El lugar ideal para organizar una fiesta de estilo hawaiano es, sin duda, **la playa, preferiblemente donde no haya demasiada gente, al atardecer**. En este caso, lo único que necesitas es una mesa de picnic para colocar las bebidas, la bandeja con los bocadillos y los postres, y algunos pareos para extender sobre la arena.

El mar, el ir y venir de las olas y el atardecer harán el resto...

¡No pueden faltar los concursos de carreras o el pañuelo!

¡De Fiesta!

LAS INVITACIONES

En lugar de las invitaciones normales, puedes repartir flores de papel de seda o, simplemente, hechas con trozos superpuestos de cartulina de colores.

Recorta tarjetas de papel de colores y escribe el lugar y hora de la fiesta. Después, decóralas con una flor hecha a mano. ¿Cómo? Es muy sencillo: usa servilletas de papel de colores y dóblalas en forma de acordeón. Los pliegues no deben medir más de 2 cm de ancho. ¿Ya lo has hecho? Sujeta cada tira por el centro con un hilo, de modo que se forme un abanico a ambos lados. Separa con cuidado los pliegues de los abanicos ¡y obtendrás «flores» fantásticas!

APERITIVO EXÓTICO

Brochetas de fruta, dulces envueltos en coco rallado, piña caramelizada, enormes sandías rellenas de macedonia y helado...

Y para beber: leche de almendras, *lassi* (bebida india a base de yogur, zumo de piña,

azúcar moreno y agua), zumos tropicales...

Decora la mesa con motivos florales y usa platos desechables de colores cálidos (amarillo, rojo y naranja).

PREPARA LA MACEDONIA HAWAIANA

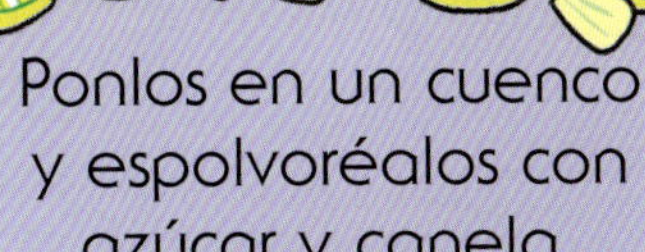

Ingredientes:
Azúcar moreno, naranjas (el doble que limones y pomelos), limones, pomelos y canela en polvo.

La preparación es muy sencilla y rápida:
Pela los cítricos y córtalos en trocitos.

Ponlos en un cuenco y espolvoréalos con azúcar y canela.

Mezcla bien y déjalo reposar 30 minutos antes de servir.

La hora del té

No hay que esperar a las cinco de la tarde para disfrutar de una taza humeante de té acompañada de deliciosas galletitas de mantequilla: ¡cualquier momento es bueno para una fiesta del té! Pero ¿cómo escogerlo?

Organiza una fiesta del té con tus amigas. Cada una debe acudir a la reunión con un postre hecho en casa, ¡no vale comprar las galletas en la tienda! (ideas en la página 176), preparad infusiones variadas y sentaos alrededor de la mesa a charlar. Podéis comentar las pelis que acabáis de ver en el cine, hablar de asuntos de amor, etc.

Té negro: es el más consumido del mundo y estudios científicos prueban que es capaz de acabar con las bacterias que causan las caries y la placa.

Té blanco: las estrellas de Hollywood lo prefieren porque es **rico en antioxidantes** que previenen algunas enfermedades y retardan el envejecimiento cutáneo.

¡Mucha atención! La teína que contiene el té estimula varias funciones del organismo. No exageres: dos tazas de té al día son más que suficientes.

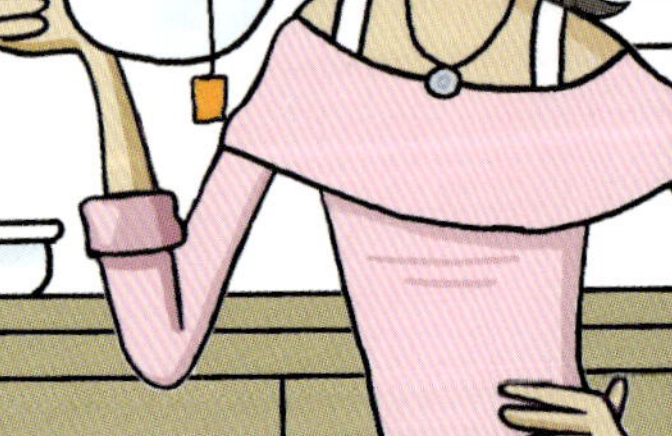

Té verde: es un té **no fermentado** cuyas propiedades ayudan a prevenir algunas enfermedades de la piel y **purificar el organismo** de toxinas.

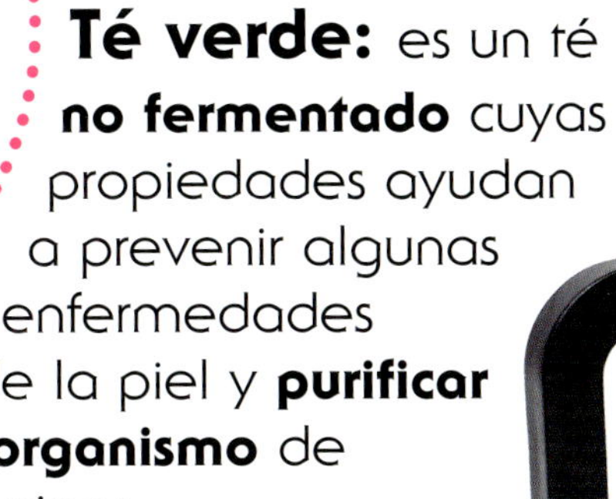

PARA PREPARAR UN BUEN TÉ:

❖ La tetera

La terracota, la plata, el peltre y el hierro fundido son particularmente aptos para los tés fuertes (de Ceilán, de Assam y tés africanos). La porcelana, por el contrario, es ideal para tés ligeros, como los verdes o el oolong (semifermentado). La tetera se calienta (con agua hirviendo que luego se desecha) antes de añadir las hojas o sumergir el filtro. Como la cafetera, la tetera se enjuaga, no se lava nunca con lavavajillas o detergente.

❖ La taza

Los ingleses aseguran que el mejor recipiente para beber el té es la taza alta, llamada *mug*, porque en ella el té permanece caliente más tiempo. Los chinos prefieren pequeñas tazas de porcelana.

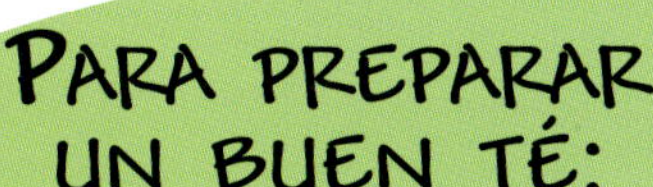
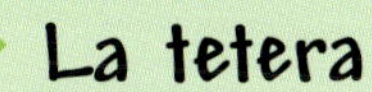

❖ El té

Existen tés para la mañana, la tarde, la noche o todo el día. Cada té tiene sus indicaciones. Por ejemplo, hay que evitar el té verde durante la noche, pero es perfecto para después de comer o la tarde. Utiliza un par de cucharadas por persona para los tés verde y blanco, y dos para el negro.

❖ El tiempo de infusión

Los tés de Ceilán deben permanecer en infusión de 3 a 5 minutos. Los tés negros chinos, de 5 a 7 minutos. El té verde chino hay que dejarlo en la tetera 2 o 3 minutos.

DISFRACES DE CARNAVAL

¡Diviértete! ¡Conviértete por unas horas en otra persona! ¡Transfórmate en una experta nadadora, aunque nunca te hayas acercado a una piscina, o en bailarina si el baile no es lo tuyo!

ESTRELLA DE CINE O ABEJA MAYA

Experimenta diferentes vestuarios inspirados en las estrellas de Hollywood: desde el rapero al gángster, desde los vaqueros con botas y la camiseta de tirantes anchos a las gafas oscuras con la chaqueta de cuero años 70, hasta llegar a los trajes con lentejuelas para el escenario tipo Elvis.

El traje de abeja Maya es fácil de hacer con un vestido negro y cinta adhesiva amarilla. Las alas se pueden fabricar utilizando papel seda o se pueden sustituir por una capa de tul blanca, corta y ligera atada al cuello; para las antenas, se pegan a una diadema dos pedazos de alambre y en los extremos se encajan dos bolitas amarillas.

El cuidado de los detalles

No hay que descuidar los detalles en la aplicación de **barbas, bigotes y patillas,** *combinándolos para adaptarlos al personaje. Puedes modificar los* **hombros** *usando viejas hombreras, esconder el* **busto** *o hasta añadir una* **barriguita cervecera...**

PERSONAJES DE LA COMEDIA DEL ARTE ITALIANA Y SUS CIUDADES DE ORIGEN

ARLEQUÍN (Bérgamo)

BRIGHELLA (Bérgamo)

MENEGHINO (Milán)

GIANDUIA (Turín)

DOCTOR BALANZONE (Bolonia)

COLOMBINA (Venecia)

STENTERELLO (Florencia)

POLICHINELA (Nápoles)

Cada pedazo de esta tarta gigante está formado por un **trozo de cartón de forma triangular**, con un orificio para meter la cabeza.

La estructura se realiza con **pedazos de tela** pegados sobre el cartón.

La cabeza de la persona se disfraza de vela con un **cilindro de cartón blanco** y una abertura circular delante para ver y respirar.

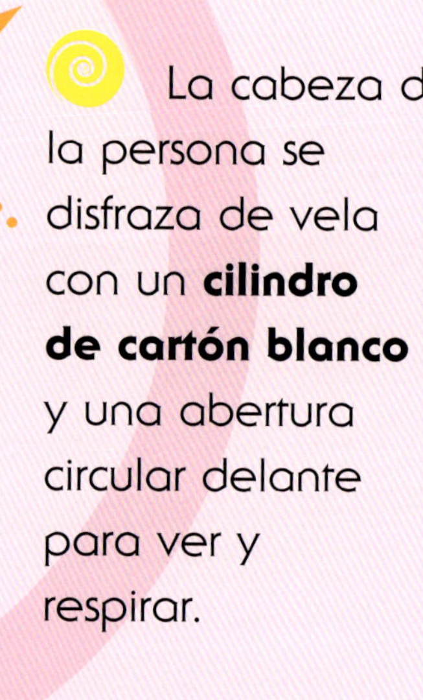

¡DE FIESTA!

SI ORGANIZAS UNA FIESTA…

Toda la casa deberá llenarse de color: guirnaldas, estrellas, largas trenzas para colgar hechas con cartulina de colores y máscaras para decorar las paredes. Si tienes tiempo, puedes tapizar completamente las paredes con retazos de tela o papel de colores, para que la habitación parezca disfrazada como un gigantesco Arlequín.

Faltan pocos días para la fiesta más macabra del año: la noche de Halloween, el 31 de octubre... ¿Estás lista para la fiesta? ¡Te damos algunos consejos para que te diviertas pasando miedo!

TELARAÑAS

Material: bolsa negra para la basura y cola blanca.

Modo de hacerlas: coge una bolsa negra de plástico y «dibuja» encima la tela de araña con la cola blanca. Cuando se seque, recórtala de la bolsa y ¡ponla donde tú quieras!

Consigue retales de **tela negra** y ponlos sobre los muebles y sillones... ¡Y baja las luces!

LA ESCENOGRAFÍA

Dibuja algunos murciélagos, arañas, manchas de sangre, calabazas, monstruos, manos de esqueleto, calaveras, etc. ¡Ahora cuélgalos sobre la puerta o los muebles!

Puedes hacer **fantasmitas** decorativos: consigue algunas pelotas de *ping-pong*, cúbrelas de tela blanca, dibuja la carita y cuélgalas del techo con un hilo.

LAS CALABAZAS

Para entrar en el espíritu de
Halloween, no puede faltar
una calabaza con cara.

Material: • 1 calabaza redonda
y lisa (será más fácil de cortar)
• 1 cuchillo de cocina
• 1 rotulador negro
• 1 vela (¡con suerte quizá
encuentres en alguna tienda el kit
especial para hacer calabazas de
Halloween!)

1 **Corta el casquete superior de la calabaza.** Conserva la tapa y extrae por completo las semillas y la pulpa.

2 **Haz el dibujo** de la cara de la calabaza en una hoja.

3 Coge la hoja y apóyala sobre la calabaza, tratando de dejarla muy pegada a la superficie. Con un alfiler, **calca el dibujo de la cara** sobre la calabaza.

4 Con ayuda de un adulto, **recorta los ojos, la nariz y la boca** con mucho cuidado.

¡MUY IMPORTANTE! Pide ayuda a un adulto cuando uses el cuchillo.

5 **Fija la vela dentro** con un poco de cera caliente.

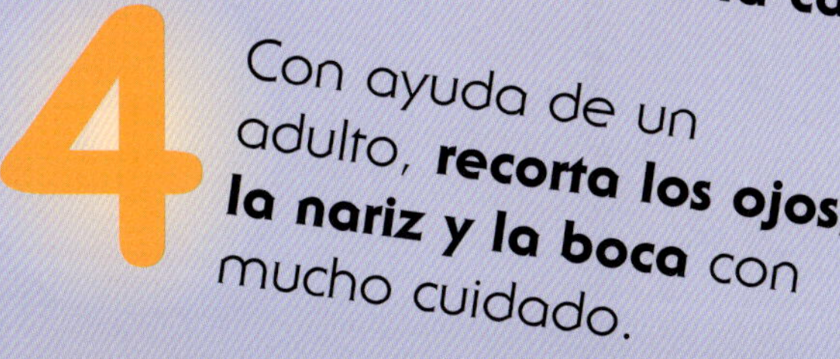

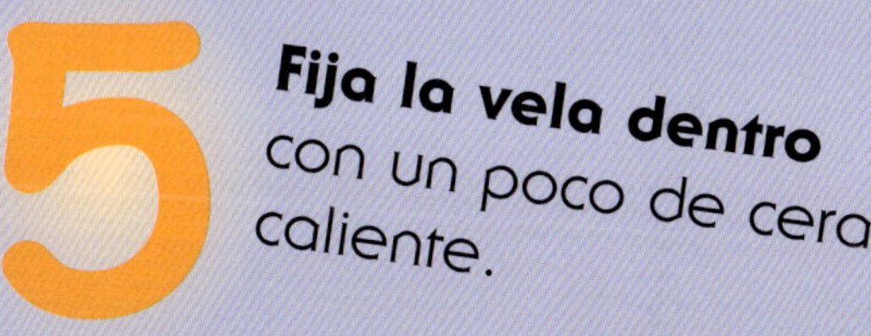

TUS ACCESORÍOS

Sara

PAREO BATÍK

¿Lista para ir a la playa? En tu bolsa, además del bronceador y el traje de baño, no puede faltar un pareo, que está siempre de moda. Hay mil colores y maneras de llevarlo...

El BATIK

El batik es una antigua técnica de estampación de telas, originaria de la isla de Java.

NECESITAS: CERA, UN CAZO Y UN HORNILLO PARA CALENTARLA, UN PINCEL PLANO, UN BASTIDOR DE MADERA PARA FIJAR LA TELA CON ALGUNAS CHINCHETAS, PINTURA PARA TELA, PINCELES PEQUEÑO Y MEDIANO, Y UNA PLANCHA.

CÓMO SE HACE...

1. Coloca bien tirante la tela en el bastidor y **haz el dibujo** con un lápiz.

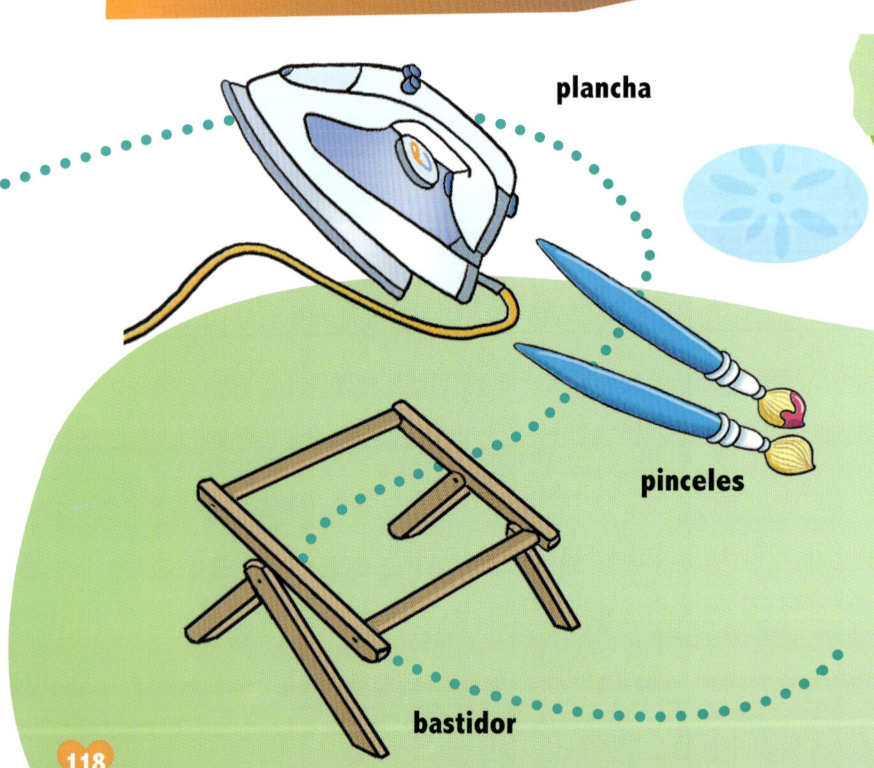

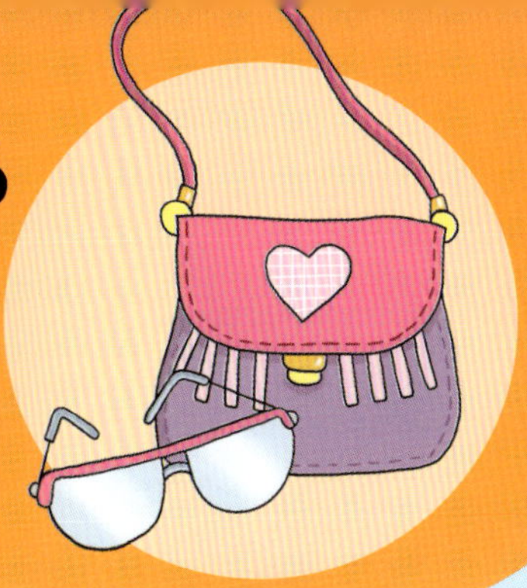

2. Pasa la cera por el dibujo donde quieres aplicar la técnica del batik **(cubre las zonas que no quieras pintar)** y déjala secar hasta que se endurezca. Después, haz presión sobre la cera para que se formen grietas.

3. Aplica la pintura, bastante líquida, directamente sobre la cera: ésta se colará entre las grietas y se depositará en la tela.

4. Deja secar la pintura y elimina la cera: pon la tela entre dos hojas de papel y pasa la plancha sin el vapor.

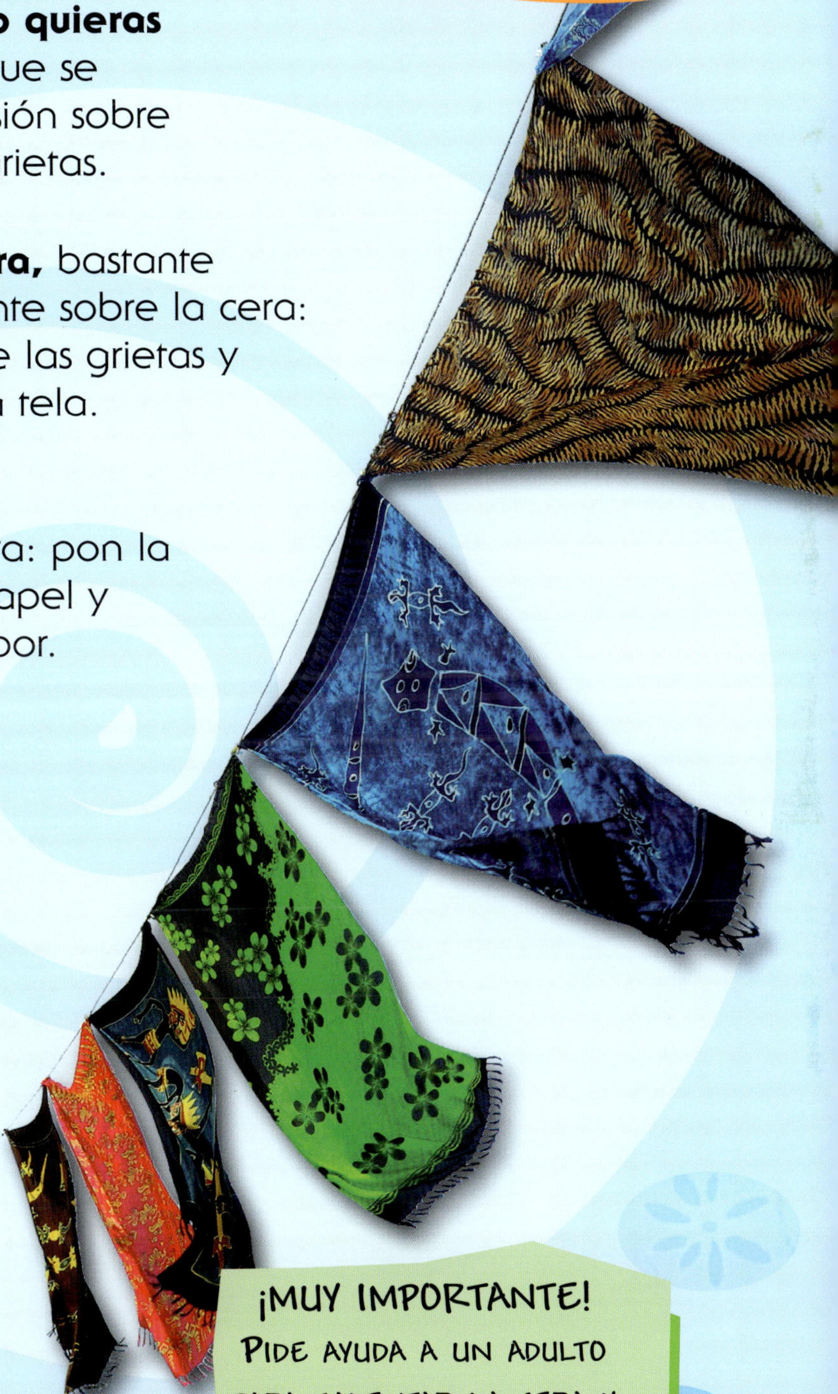

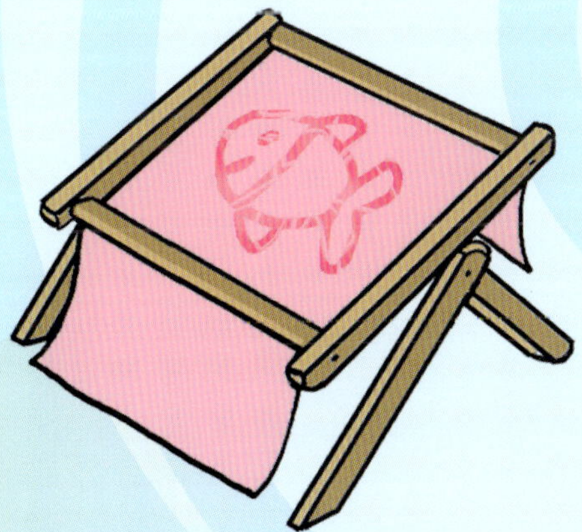

5. Una vez que has eliminado completamente la cera, pasa la plancha por las partes que has pintado para **fijar la pintura sobre la tela.**

¡MUY IMPORTANTE!
PIDE AYUDA A UN ADULTO PARA CALENTAR LA CERA Y PARA USAR LA PLANCHA.

✔ **Los hay estampados**
(con diseños florales, marinos o étnicos),
con colores tan llamativos que atraerán
seguramente la atención de todos.

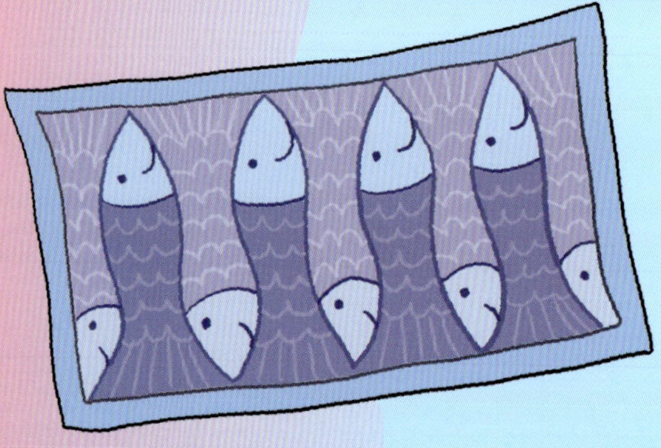

✔ Si quieres un aspecto más sensual, elige
un pareo semitransparente, decorado con
cuentas o bordado. Crea un efecto «veo pero
no veo» que deja entrever las piernas
bronceadas y el traje de baño. Puede ser
negro, llevado con un traje de baño de
colores o blanco:
¡sencillamente perfecto!

✔ **¿Largo o corto?**
Largo es, seguramente, más cómodo: ayuda
a esconder algunas imperfecciones, se
puede anudar de varias maneras o usarlo
de toalla. Corto es para las chicas muy
seguras de sí mismas; si eres hábil en
anudarlo, puedes usarlo también como *top*.

✔ Pero si no quieres llamar demasiado la atención, recurre a los **pareos de un solo color**: bellísimos en color blanco, rosa o azul cielo, y también rojos o amarillos. Lo importante es que sea un **color claro**.

Una idea genial...
El pantalón pareo

Blanco, negro o de colores, alarga la figura y **se puede llevar con chanclas**, también de noche. Hay que llevarlo con una blusa corta que deje el ombligo al descubierto.

POMPONES

Para hacerlos necesitas lana y un poco de paciencia: los pompones son muy graciosos y fáciles de hacer. Aplícalos en bolsos, botas y, naturalmente, ¡en la bufanda y el gorro!

ovillo de lana

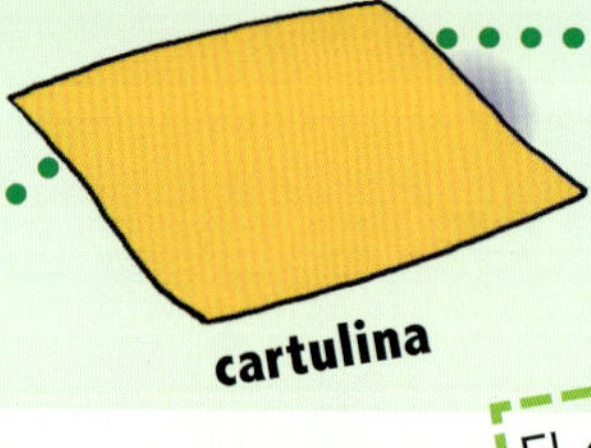

cartulina

tijeras

Cómo hacer el pompón

El diámetro del borde externo de las cartulinas será el diámetro de tu pompón.

1 Coge dos cartulinas bastante rígidas, pon una encima de otra y **recórtalas en forma circular**, con un agujero en el centro.

2 Sin separarlas, **pasa la lana por el agujero** formando «radios» desde el centro al borde de la cartulina.

No tienes que coser, sólo pasar el hilo hasta cubrir por completo las cartulinas.

3 **Añade lana** hasta llenar casi completamente el agujero central. Por último, mete un filo de las tijeras entre los dos círculos de cartón y corta los hilos todo alrededor.

4 Pasa un hilo entre los dos cartulinas y haz un nudo bien apretado. Deja bastante largos los cabos de este hilo, pues lo usarás para fijar el pompón. **Retira las cartulinas, iguala con las tijeras la bolita** de lana y ahí tienes tu pompón.

TUS ACCESORÍOS

Ahora que sabes cómo se hace un pompón, puedes explayarte con bufandas, bolsas, gorros y aún más...

PARA EL PELO

SUJETA EL POMPÓN ALREDEDOR DE UNA GOMA DEL PELO: **UNA IDEA SIMPÁTICA Y ORIGINAL PARA ADORNAR TU PEINADO.**

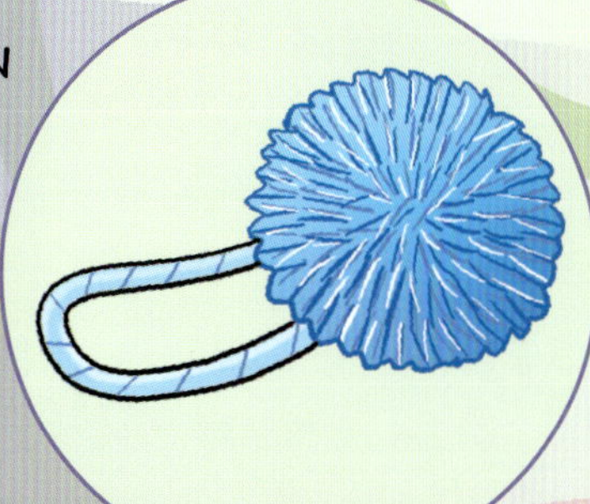

CHAQUETA

COSE UNO O MÁS POMPONES EN EL BOLSILLO DE TU CHAQUETA O EN LUGAR DE LOS BOTONES. ASÍ, LA CHAQUETA **GANA EN COLORIDO** Y *GLAMOUR*.

CINTURÓN

COSE LOS POMPONES A LAS TRABILLAS DE LOS VAQUEROS QUE SOSTIENEN EL CINTURÓN: UNA IDEA ORIGINAL, GRACIOSA Y **MUY, MUY** *TRENDY*.

BOLSO

¡AÑADE A UN BOLSO ANODINO UN TOQUE DE CREATIVIDAD Y COLOR! DECÓRALO CON LOS POMPONES QUE QUIERAS, DE TU COLOR PREFERIDO... **¡DESPERTARÁ LA ENVIDIA DE TUS AMIGAS!**

BOTAS

¿TIENES UN PAR DE BOTAS QUE YA NO USAS PORQUE SON IGUALES A LAS DE TODAS TUS AMIGAS? ¡PONLES **UN PAR DE POMPONES** PARA HACERLAS MÁS PERSONALES!

COLLARES DE CUENTAS

Adornarte con tus propias creaciones te dará una enorme satisfacción...
Te mostramos cómo realizar collares chulísimos en 5 sencillos pasos.

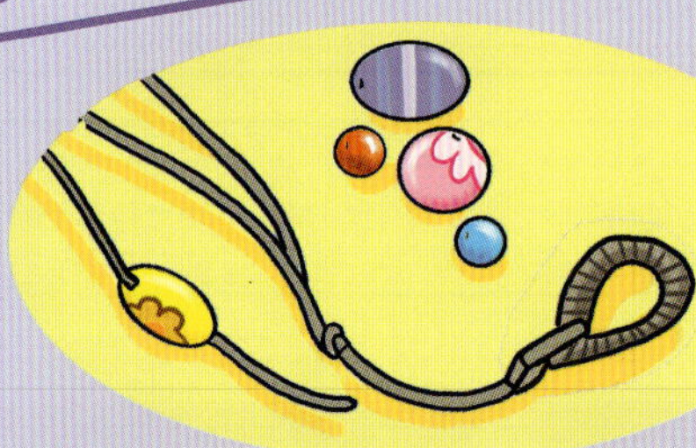

Con la técnica de nudos, usada para hacer el collar, y un poco de imaginación puedes crear otros objetos. Por ejemplo, un llavero.

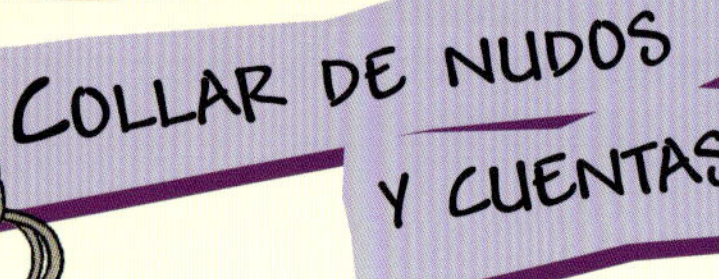

Necesitarás: cuentas de fantasía o abalorios, 3 cordoncillos de 1,6 m cada uno

CORTA 3 PEDAZOS DE CORDÓN DE 1,6 M CADA UNO. FORMA LA PRESILLA DERECHA COMO EN EL DIBUJO. HAZ UN NUDO BIEN APRETADO EN LA BASE DEL OJAL MISMO, PARA FIJAR BIEN LOS TRES CORDONES.

¡MUCHA ATENCIÓN! Los collares de varios cordones se elaboran partiendo siempre de la presilla derecha.

AHORA HAZ UN NUDO A **4 CM** DE LA BASE DEL OJAL.

ENSARTA EN CADA HILO UNA O DOS CUENTAS, ALTERNÁNDOLAS COMO TE GUSTE.

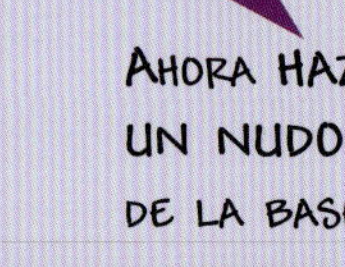

Cuentas de papel

¡Crea bellísimas cuentas de papel reciclado para tus collares! Necesitarás: papel de periódico, agua muy caliente y cola blanca.

1 **Corta el papel** en pedacitos, ponlos en un recipiente, cúbrelos de agua caliente y déjalos reposar una hora.

2 Mezcla bien, escurre el agua y exprime el papel; **añade la cola** para formar una especie de puré.

4 Usa un trozo de lija para **alisar las perlas;** después, píntalas y barnízalas.

3 **Forma bolitas** (de diferentes tamaños) y hazles un agujero con un palillo. Déjalas secar unos días, girándolas de vez en cuando.

PULSERAS TRENZADAS

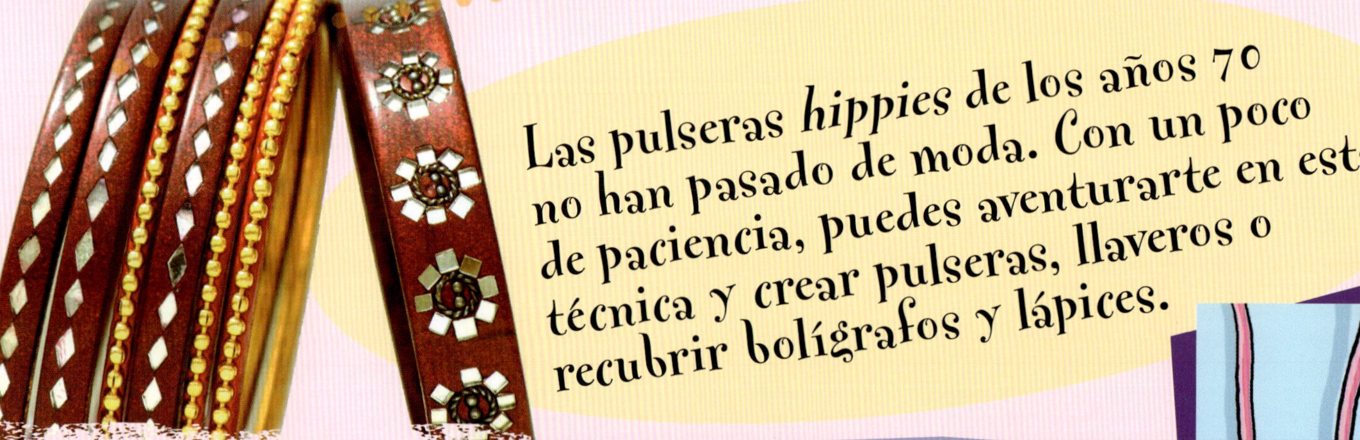

Las pulseras *hippies* de los años 70 no han pasado de moda. Con un poco de paciencia, puedes aventurarte en esta técnica y crear pulseras, llaveros o recubrir bolígrafos y lápices.

CÓMO SE HACE UNA PULSERA

cordón para pulseras de 2 colores

encendedor

1 **La parte más difícil es el inicio...** Coge los dos hilos por su parte central y dóblalos por la mitad, luego haz un nudo apretado.

UNA SUGERENCIA

Puedes practicar con hilos de plástico llamados *scooby doo*; son fáciles de encontrar y son muy baratos. Por cada metro (de 2 colores) de hilo obtendrás unos 10 o 14 cm de pulsera.

2 Ahora con un hilo **haz dos bucles** (no muy pequeños), y pasa los dos extremos del otro hilo a través de los bucles.

UN SECRETO

¡Tira muy bien y varias veces porque el nudo debe estar muy apretado!

3 **Tira de los cuatro extremos,** sosteniendo siempre todo con una de las dos manos. Éste debe ser el resultado:

4 **Continúa haciendo siempre dos bucles** (no importa con qué hilo, basta con que sean los dos opuestos y del mismo color); pasa los otros dos hilos a través de ellos y después tira fuerte.

5 **Sigue así** hasta que llegues al final de uno de los cuatro extremos.

6 Cierra el cordón **quemando las puntas.**

¡PASIÓN POR LAS PULSERAS!

¿Tienes tus cajones llenos de pulseras y brazaletes de todo tipo y origen, hechos por ti misma o comprados en alguna tienda o mercadillo étnico? ¡Claro! Cuestan poco y te hacen sentir femenina y elegante en la playa o la discoteca. Las puedes encontrar de todos los estilos y para todas las ocasiones: desde la versión más chic en oro o bronce hasta la más juguetona y colorida. Diviértete exagerando y usando muchas, hasta cubrir la mitad del brazo, como hacen las famosas.

BROCHES Y COLGANTES

Estamos a las puertas de la primavera, aumentan los colgantes que tintinean en móviles y bolsos... ¿Los oyes? Son los *charms*, una bonita idea para engalanar cada día tu bolso con nuevas joyas.

Anillos, pulseras, broches y collares de los que cuelgan dijes de todas las formas, colores y tipos de materiales... ¡Son los *charms*! Nacen de un concepto de diseño de orfebrería lanzado en los años 50 y que combina pequeños objetos similares a *souvenirs* con pulseras y collares.

Un modo diferente de crear un accesorio es utilizar un imperdible. Permite colgar 4 o 5 colgantes diferentes que luego podrás usar como tu imaginación te aconseje.

✔ Prueba combinando colgantes de motivos diferentes pero de la misma tonalidad de color... ¡El glamour está asegurado!

También tu teléfono móvil

necesita de los accesorios para ser más atractivo, personal y único.

¡Pin manía!

¡COLECCIÓNALOS E INTERCÁMBIALOS CON TUS AMIGAS!

EXISTEN TIENDAS ESPECIALIZADAS QUE HACEN CHAPAS Y PINS PERSONALIZADOS. ¡INCLUSO CON TUS FOTOS, QUE PUEDES REGALAR A UN AMIGO MUY ESPECIAL!

CADA PIN O CHAPA QUE LLEVAS ENVÍA UN MENSAJE... ¡CAMBIA CADA DÍA EL MENSAJE CUANDO DECORES LA MOCHILA, EL BOLSO O LA CAMISETA!

Una joya de papel

1 **Consigue papel de colores** con diferentes estampados. Puedes usar papel de regalo, pero lo ideal es que sea más grueso.

2 **Corta varios círculos** de tamaño cada vez más grande.

3 **Arruga un poco el papel de los círculos** y haz los bordes irregurales.

4 **Une los círculos** de papel con un botón que puedes coser encima.

Se usa como prendedor, en un collar, para decorar un bolso de tela o para pegarlo sobre una bandana para el cabello. ¡Úsalo sólo en verano y nunca cuando llueva!

PENDIENTES ORÍGINALES

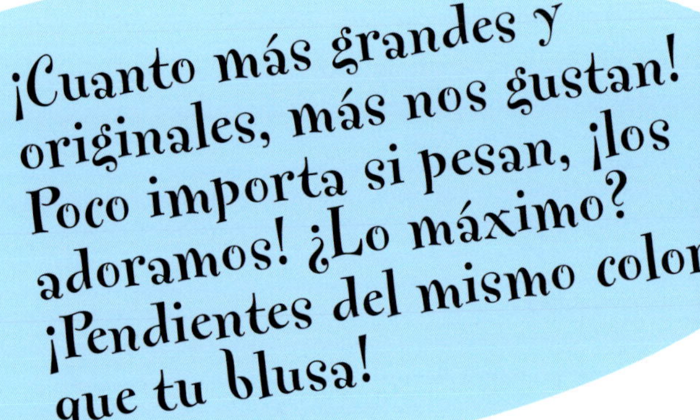

¡Cuanto más grandes y originales, más nos gustan! Poco importa si pesan, ¡los adoramos! ¿Lo máximo? ¡Pendientes del mismo color que tu blusa!

→ *pendientes de pianista*

Reciclando pedazos de **objetos viejos,** obtendrás pendientes únicos y originales. Puedes probar con las pequeñas teclas blancas y negras de los **pianitos de juguete...**

→ *de encaje*

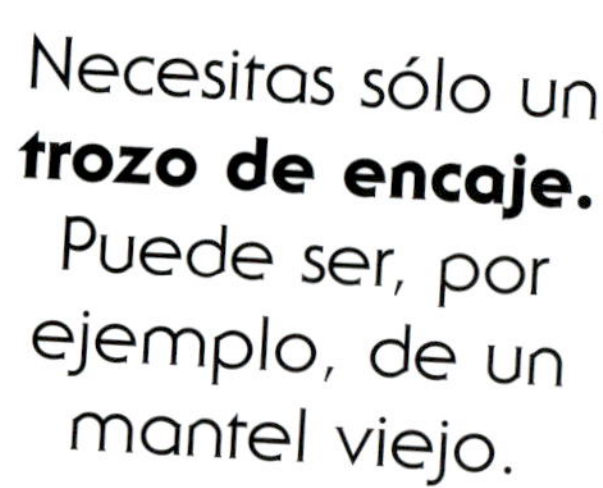

Necesitas sólo un **trozo de encaje.** Puede ser, por ejemplo, de un mantel viejo.

TUS ACCESORÍOS

¡de auriculares!

Un par de **auriculares estropeados,** 2 alambres de aluminio y 2 enganches clásicos para pendientes… ¡Y ya están listos!

PENDIENTES DE BOLITA

1   Coge una página en color de una revista y rómpela en muchos pedacitos. También puedes usar papel de regalo o las páginas de un cómic.

2   Con la cola blanca, pega los pedacitos por toda la bolita. Es importante impregnar bien el papel. Espera a que la cola se seque completamente.

3 Cuando la bolita esté seca, dale otra mano de cola diluida con poca agua: le dará un aspecto brillante.

4 Encaja en el clavo fino la bolita de papel (puedes poner todas las que quieras). Con los alicates regula la longitud del clavo, ciérralo con las pinzas y fija el enganche.

¡CUIDADO!
Entre un paso y otro, deja que se seque muy bien.

CINTURONES PERSONALIZADOS

¡No hay que considerarlos simples accesorios! Un vestido insípido o unos vaqueros anodinos se transforman en prendas modernas y originales. Indispensables para quien cuida cada detalle..

¿Cómo transformar una vieja corbata en un cinturón nuevo?

Busca una **corbata vieja** con un estampado bonito, tijeras, aguja, hilo y una **hebilla para abrochar.**

Coge un cinturón tuyo y **mídelo para tener una referencia** para el nuevo.

COMBINA CINTURÓN, ZAPATOS Y BOLSO

El cinturón puede ser extravagante o discreto, pero debe seguir una sencilla regla: ser del mismo color que los zapatos y el bolso... Por lo tanto, decora un ángulo del bolso con la misma técnica que uses para crear tu cinturón personalizado. En cuanto a los zapatos, es suficiente con que tengan un poco del color principal del bolso y el cinturón.

Descose la corbata y quítale la etiqueta. **Plancha la tela** por el revés.

El cinturón, ancho...

Envuelve la cintura y subraya las curvas femeninas. No sólo con faldas y vestidos, sino también encima de blusas, jerséis ligeros o incluso sobre las chaquetas.

... y el estrecho

¡Cuanto más estrecho, más elegante! En este caso, puedes experimentar en la elección y los detalles, por ejemplo con estampado de flores, color plateado o dorado, o con hebillas diferentes. Quedan muy bien con las faldas o pantalones de corte alto en la cintura, o debajo del pecho con un vestido de tubo. Y para la noche en la discoteca puedes incluso usar dos diferentes, ¡uno encima de otro!

Con el esmalte

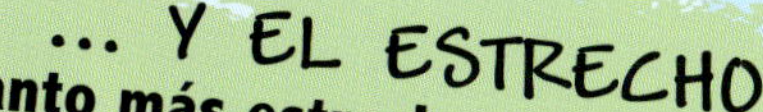

LOS ESMALTES DE COLORES PARA UÑAS, POR EJEMPLO LOS QUE YA NO USAMOS, VAN MUY BIEN PARA DECORAR LAS HEBILLAS SENCILLAS PLANAS. PARA EMPEZAR PUEDES HACER UNAS FLORES Y RESALTARLAS CON BRILLANTITOS.

Elimina las puntas, luego corta un rectángulo de 2 a 3 cm más largo y 2 veces y media más ancho que tu cinturón.

Dobla la tela sobre sí misma, cose y aplica la hebilla. Esta última puede estar formada también por **2 sencillos anillos en forma de D.**

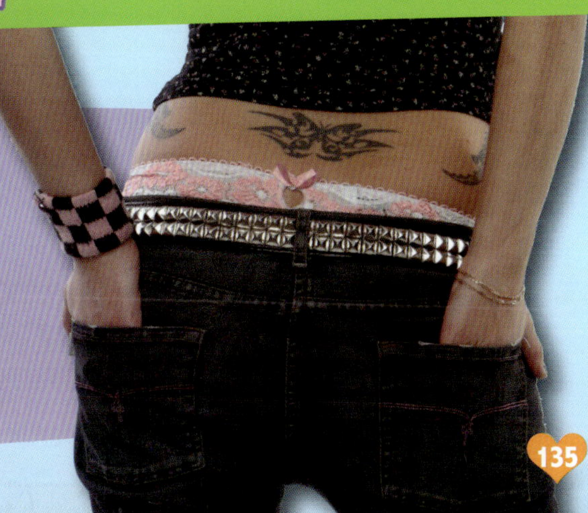

BOLSO DE FIELTRO

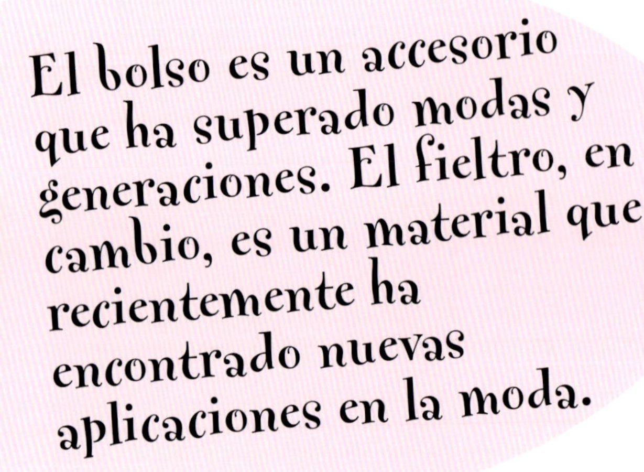

El bolso es un accesorio que ha superado modas y generaciones. El fieltro, en cambio, es un material que recientemente ha encontrado nuevas aplicaciones en la moda.

¡Tan fácil que lo puedes hacer una tarde mientras ves la tele!

1. **Recorta** dos rectángulos de fieltro de 20 x 27 cm, dos de 27 x 8 cm y uno de 20 x 8 cm. Tú decides el largo del asa: recorta otro rectángulo largo y estrecho.

2 **Une** todas las piezas cosiéndolas a mano con un sencillo pespunte. Usa un color que contraste… Las puntadas a la vista quedan muy bien en este tipo de bolsos.

3 Para el cierre puedes usar **un práctico automático** que quede oculto bajo un botón gigante de color vivo.

PARA LA DECORACIÓN:

Haz el dibujo que elijas y coloca las plantillas en el revés del fieltro. Traza los contornos y recorta el fieltro con las tijeras. Coloca las figuras sobre el bolso y pégalas con pegamento especial para tela.

1 Extiende bien la funda, tratando de eliminar los pliegues. Córtala en diagonal de esquina a esquina.

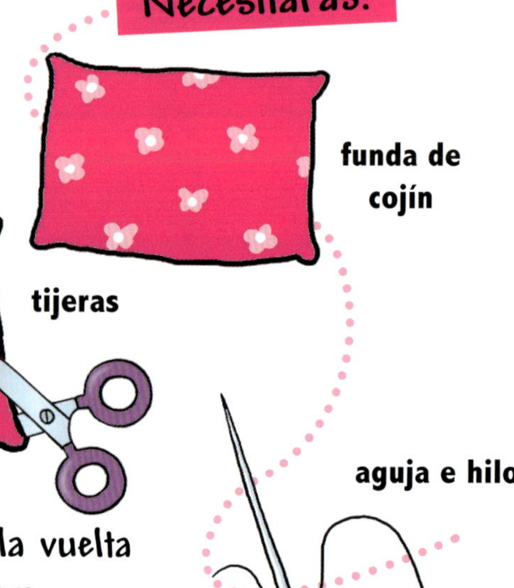

Necesitarás:

funda de cojín

tijeras

aguja e hilo

2 Has obtenido dos triángulos. Da la vuelta a la tela de cada triángulo, dobla a 1 cm los lados por donde has cortado y haz un dobladillo en cada uno para que la tela no se deshilache.

3 Coge un triángulo, dale la vuelta a la tela y métomelo dentro del otro triángulo, como ves en el dibujo, de modo que los lados abiertos queden hacia dentro.

4 Cose con cuidado donde la tela de los dos triángulos se superpone. Has obtenido una bolsa cuadrada, abierta por dentro, con dos largas puntas en los extremos.

5 Por último, haz un nudo con los dos extremos para formar el asa. ¡Es un bolso de verano, perfecto y listo para ir a la playa!

TUS ACCESORÍOS

SI NO ENCUENTRAS UNA FUNDA CON UN ESTAMPADO QUE TE GUSTE, PUEDES USAR UNA O DOS CAMISETAS VIEJAS.

DECORACIÓN

vera y mario

VELAS PERFUMADAS

Diviértete fabricando en casa tus propias vela perfumadas. Puede parecer complicado, pero en realidad no lo es.

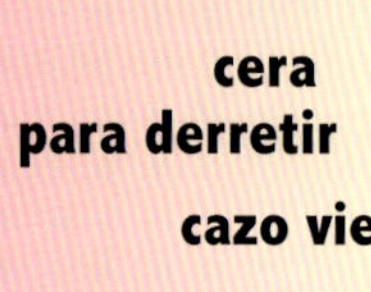
cera para derretir

cazo viejo

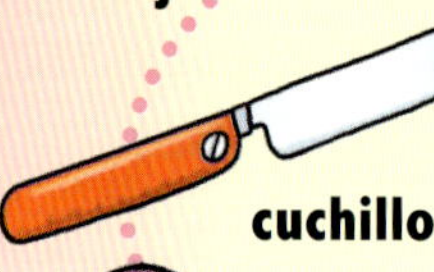
cuchillo

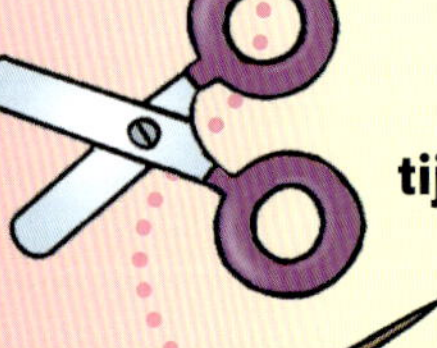
tijeras

palillos de madera

moldes (pueden ser latas del café, cartones de leche, envases de yogur, botellas de plástico, etc.)

aceite de cocina

alambre

mechas enceradas

ceras de colores

¿Cómo se hacen las velas?

1. Derrite la cera en un cazo al baño maría a fuego fuerte.

¡MUCHA ATENCIÓN!
No dejes que el agua hierva para que no salpique la cera.

DECORACIÓN

2. Añade los trocitos de ceras de colores para darle color, mezclando muy bien. Recuerda que la cera líquida siempre es más clara que la cera sólida.

3. Unta el molde con aceite, de modo que la vela, cuando se enfríe, se despegue fácilmente de las paredes.

4. Fija la mecha en el centro del molde con cinta adhesiva o bien sujetándola con un palillo transversal.

5. Vierte la cera en el molde y espera a que se enfríe; disminuirá su volumen, hundiéndose en el centro, y tendrás que rellenar con más cera líquida.

6. Espera una noche, rompe el molde con las tijeras y... ¡ya tienes una vela!

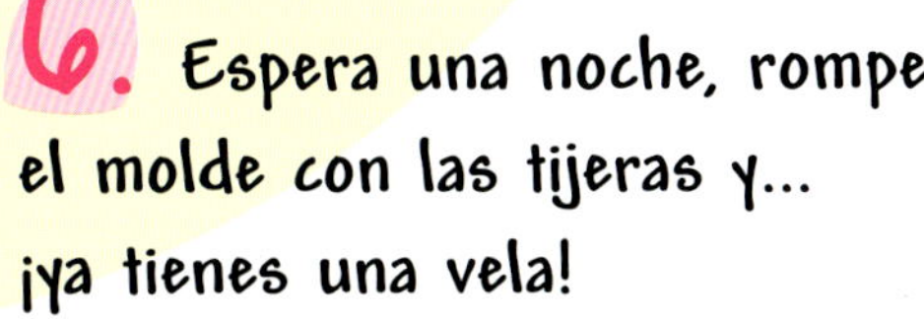

¿Qué necesitas?:

- Cera para derretir
- Pinturas de cera de colores
- Mechas enceradas para velas
- Naranjas
- Aceite esencial de cítricos

1 **Prepara las naranjas** que contendrán la cera. Córtalas por la mitad y vacíalas, con cuidado de no dañar la cáscara.

2 **Derrite la cera** al baño maría y añade unas gotas de aceite esencial de cítricos.

3 **Vierte la cera** líquida en la mitad de la naranja vacía.

4 **Coloca la mecha** y déjala enfriar. Puedes sujetar la mecha con una pinza de la ropa.

El arte del ikebana

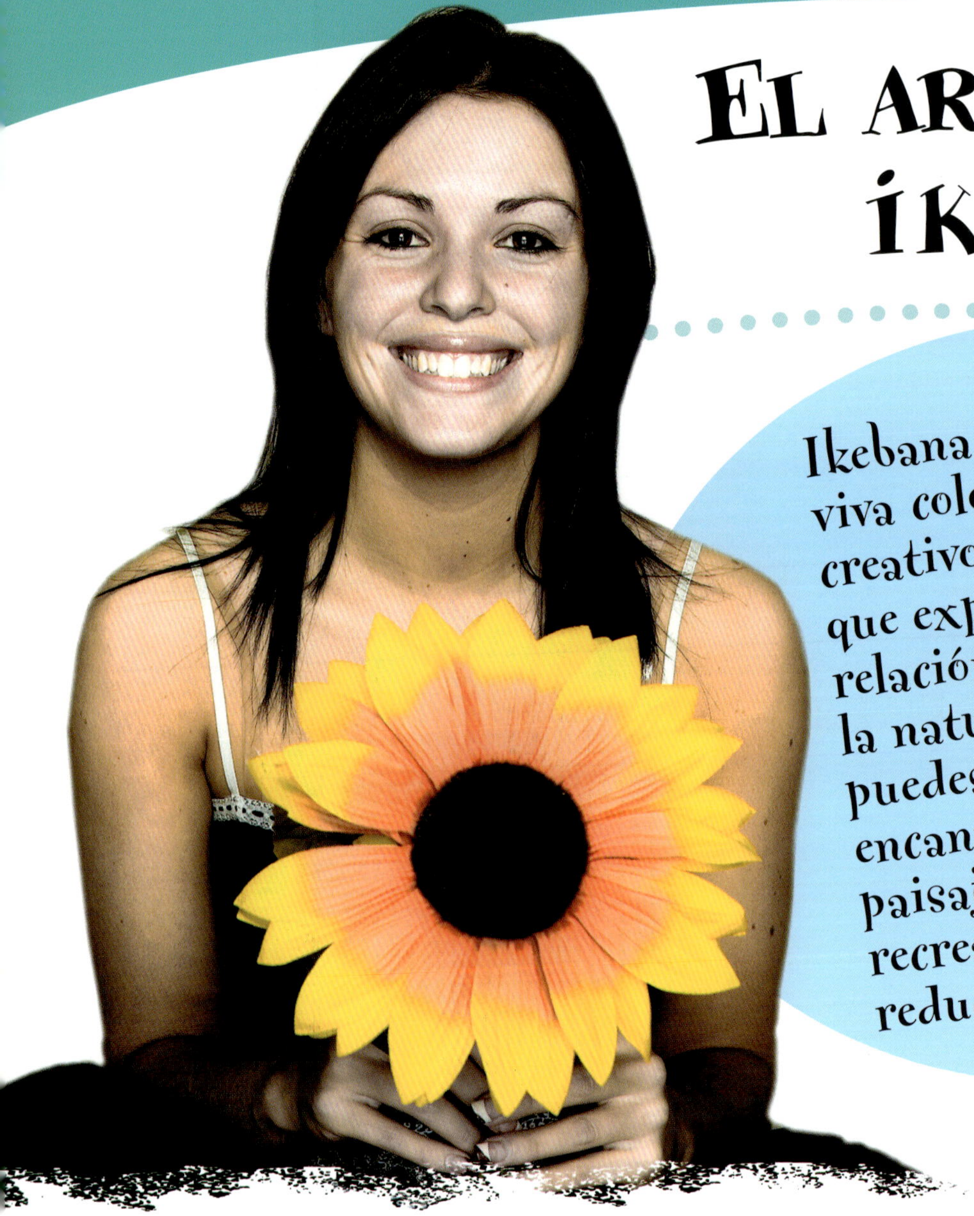

Ikebana significa «flor viva colocada» y es un arte creativo, nacido en Japón, que expresa la belleza de la relación entre el hombre y la naturaleza. ¡Tú también puedes llevar a tu casa el encanto y la belleza de los paisajes naturales, recreándolos a escala reducida!

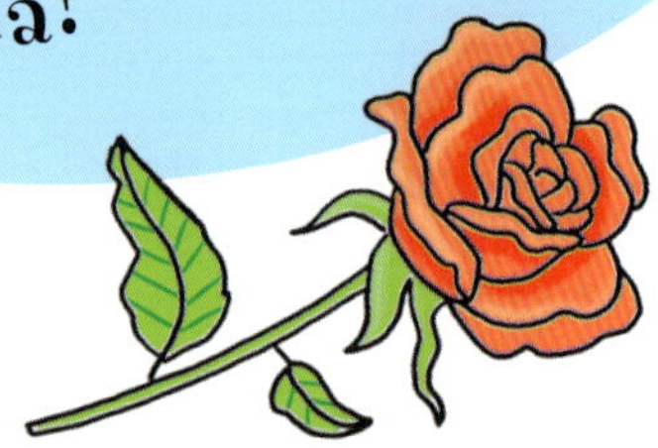

Según el ikebana, todo lo que en la naturaleza puede parecer insignificante, en realidad puede ayudarnos a **vivir el momento.** La calma necesaria para cortar las flores enseña el arte de la **concentración** y estimula el **espíritu de observación.**

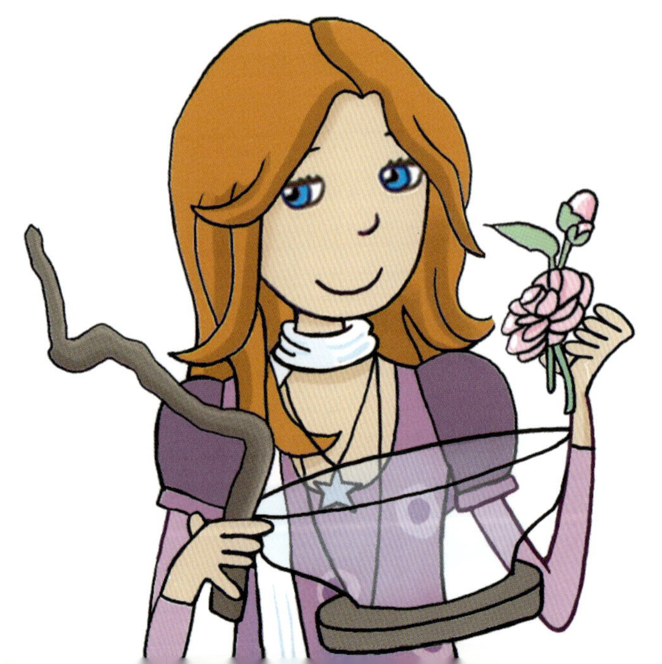

El arte de colocar las flores

Este antiguo arte floral se basa en la **línea**, el **ritmo** y el **color.** Mientras los occidentales aprecian la cantidad y los colores, los japoneses dan más importancia a la **estructura de la composición.**

La composición final debe ser armoniosa: el espacio vacío es tan importante como el espacio ocupado.

Antes de empezar

Las flores deben estar recién cortadas, pues de lo contrario podrían marchitarse el mismo día. Si se cortan los tallos bajo el agua fría y se mantienen sumergidos treinta minutos, el ikebana durará más tiempo.

¡MUCHA ATENCIÓN!
Si quieres crear una composición con calas, es mejor sumergir primero los tallos en agua hervida.

DECORACIÓN

MATERIALES

Los materiales necesarios no son sólo flores, sino también bayas, hojas y ramas, colocados en recipientes de vidrio, donde el volumen de éstos adquiere un importante significado.

EL JARRÓN

También el jarrón tiene su importancia. El estilo *moribana* utiliza recipientes bajos y poco profundos (*suiban*) y el método *nageire* usa jarrones altos. Déjate guiar por tu imaginación y por tu gusto y trata de armonizar las flores con sus recipientes. Recuerda que para fijar las flores y las ramas debes colocar en el fondo del recipiente una esponja de florero o el utensilio especial para el ikebana, una especie de cepillo llamado *kenzan*.

Ramos y flores a menudo se colocan formando un triángulo. El *shu*, la rama más larga e importante, se considera un acercamiento al cielo; el *kiaku*, o rama más corta, representa a la tierra; el *fuku*, o rama intermedia, al hombre. Estas tres fuerzas deben tender siempre a la armonía para formar el universo.

Mi COFRE SECRETO

Un espacio secreto para reunir y guardar tus joyas más preciadas, esos objetos y «emociones» a los que estás muy unida y que forman parte de tu vida...
En los momentos de serenidad y cuando lo ves todo negro.

¡El cofre que contiene tus secretos no puede ser un cofre cualquiera! ¡Debe ser único y sólo tuyo! Entonces, ¿por qué no hacerlo tú misma? La técnica del découpage te facilitará la tarea. Podrás personalizar fácilmente cualquier caja de zapatos ¡y convertirla en tu cofre secreto!

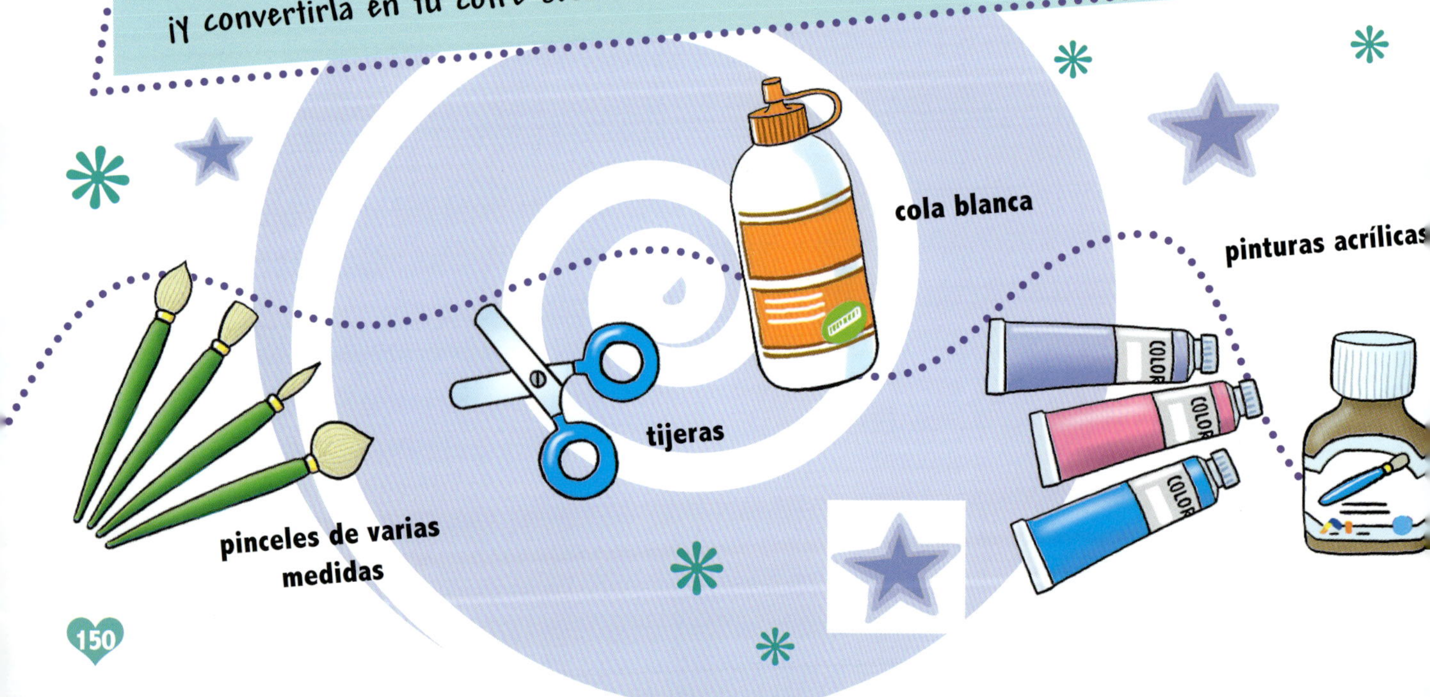

DECORACIÓN

¡CORTA... Y PEGA!

La palabra *découpage* deriva del verbo francés *découper*, que significa «recortar». Es una técnica de decoración antigua que consiste en decorar con papeles recortados, que se pegan y barnizan con varios tipos de barnices transparentes. Las imágenes se pueden encontrar en revistas de moda, partituras musicales, papel de regalo, postales, fotografías, etc. El *découpage* se puede aplicar sobre cualquier material: madera, vidrio, cerámica, metal, plástico, etc.

1 **Elige un objeto para decorar.** Puede ser una caja de cartón o un cofre de madera de pino, nuevo o reciclado.

2 **Prepara el fondo.** Si la caja es de madera, líjala hasta dejar la superficie lisa y eliminar cualquier resto de pintura. **Aplica después una capa de color y deja que seque bien.**

3 **Recorta con cuidado las imágenes** que te gusten y distribúyelas por la caja. La originalidad de las imágenes y su colocación harán tu obra única e irrepetible.

4 Diluye la cola con un poco de agua (la proporción agua-cola depende del tipo de papel que vayas a pegar) y haz una prueba. **Aplica un poco de cola en la superficie del cofre o caja y otro poco en el revés del recorte.** Pega el papel desde el centro hacia el exterior para que no se arrugue ni se formen burbujas de aire.

DECORACIÓN

5 Deja que seque bien y luego **pasa una o más manos de barniz** transparente con un toque de brillo *(flatting)*.

MARCOS PARA FOTOGRAFÍAS

¿Quieres que tus fotos se distingan de las de tus amigas? Lo más fácil es hacerlas resaltar con un marco hecho por ti misma.

MARCO ECOLÓGICO

1 **Corta las ramas,** que te servirán para el marco, en trozos del largo que necesites.

2 Traza en las ramas dos marcas a lápiz, una **en cada punto de intersección con las otras ramas.**

¡Vía libre a tu creatividad!

¡AQUÍ TIENES ALGUNAS IDEAS PARA DEJAR QUE TU CREATIVIDAD FLUYA! PUEDES EMPEZAR RECICLANDO OBJETOS QUE TIENES EN CASA Y QUE YA NO USAS...

UN VIEJO METRO... SI EN LA CAJA DE HERRAMIENTAS HAY UN VIEJO METRO DE MADERA, PUEDES TRANSFORMARLO EN UN SIMPÁTICO MARCO PARA TUS FOTOS. RÁPIDO Y FÁCIL DE HACER. ¡VERÁS QUÉ BIEN TE QUEDA!

DECORACIÓN

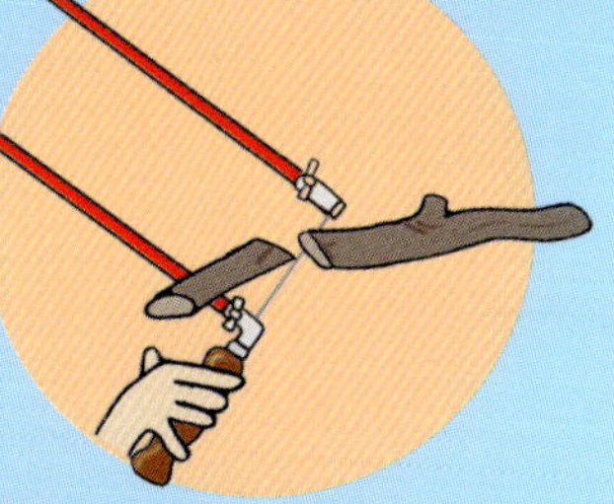

3 Con la segueta, **corta las ramitas por las marcas**.

4 Con la gubia **haz un corte en la madera** cerca de cada uno de los extremos de la ramita. Pon un poco de cola en las ranuras y encaja las ramas.

5 Con la misma técnica puedes experimentar **encajando las ramas de diferentes maneras.** Deberás obtener un marco parecido a los esquemas que aquí te mostramos.

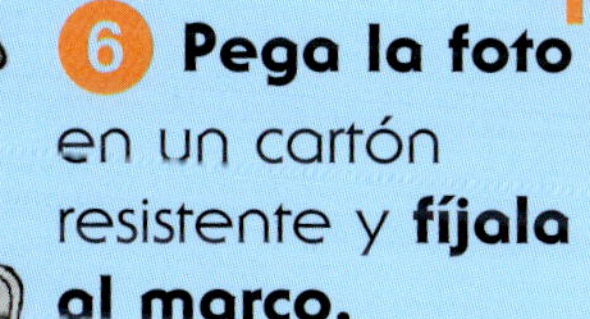

6 **Pega la foto** en un cartón resistente y **fíjala al marco.**

CON PAJITAS... PUEDES PEGAR PAJITAS DE PLÁSTICO DE COLORES A LO LARGO DE LOS BORDES DE UN MARCO VULGAR. CÓRTALAS DE DISTINTOS LARGOS PARA CREAR EFECTOS GEOMÉTRICOS.

LAS CAJAS DE LOS CD... PEGA EN LAS TAPAS TRANSPARENTES RECORTES DE PERIÓDICO O DE PAPEL DE REGALO, REALIZANDO UNA ESPECIE DE DÉCOUPAGE.

COJINES DE PATCHWORK

Para hacerlos es necesario saber coser... Si no sabes, puedes pedir ayuda. La ilusión de hacer un cojín te animará a aprender a coser y a aficionarte al patchwork, pero necesitarás un poco de paciencia.

Patchwork con o sin aguja

Para el **patchwork con aguja** se necesitan retazos de tela, que se cosen para realizar bellísimas colchas, edredones, cojines, manteles, bolsos, etc.

Decoración

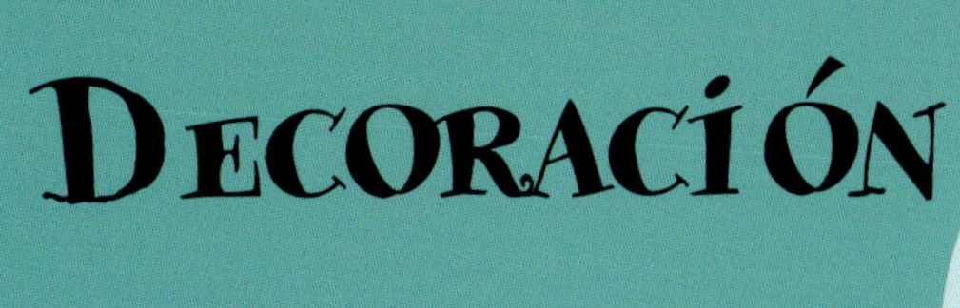

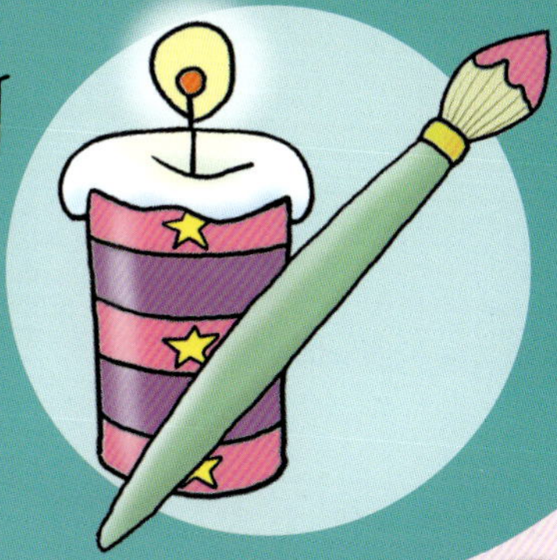

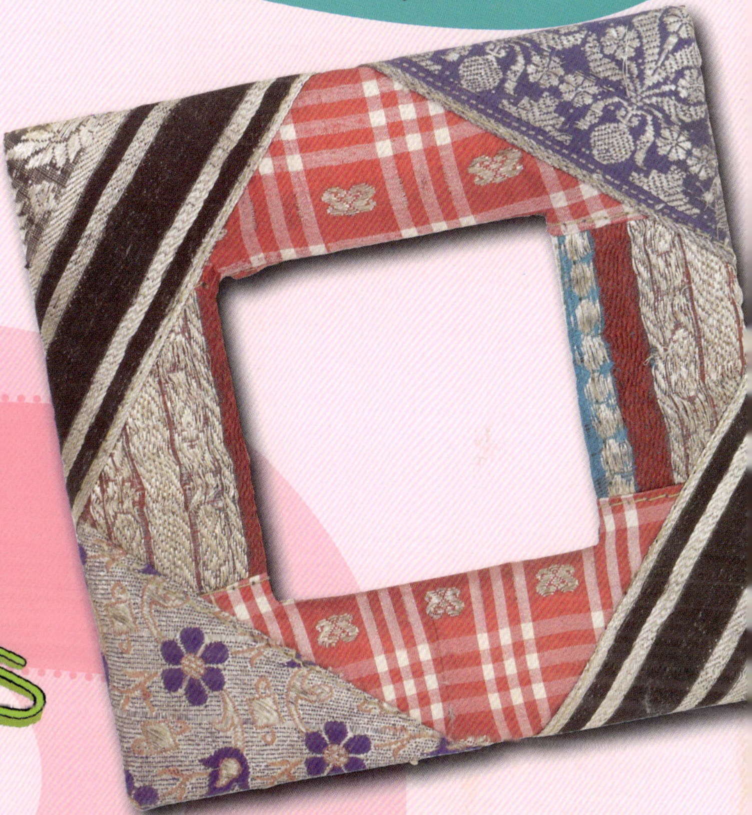

El ***patchwork*** **sin aguja** es el que se hace forrando moldes de poliestireno. Los hay para todos los gustos: esferas, marcos, animalitos, corazones, etc.

ÉSTAS SON ALGUNAS FORMAS DE UNIR LOS PEDAZOS DE TELA PARA CREAR FORMAS BÁSICAS Y OBTENER UN PATCHWORK GEOMÉTRICO.

FIGURAS BÁSICAS

Triángulos

Ocas volando

Rombos

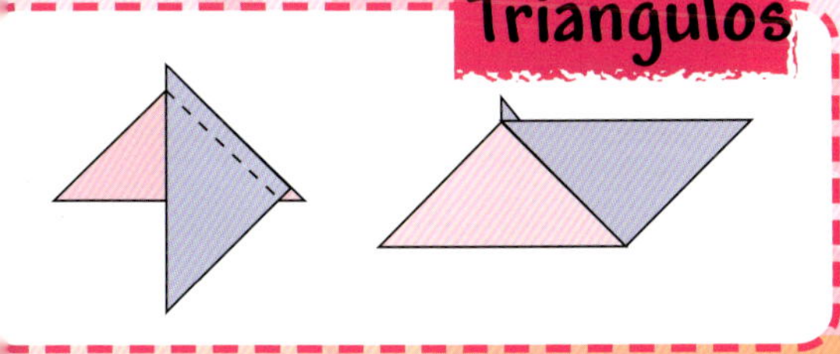

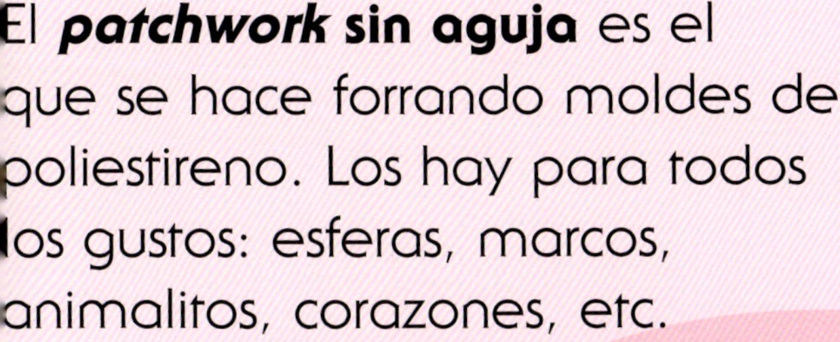

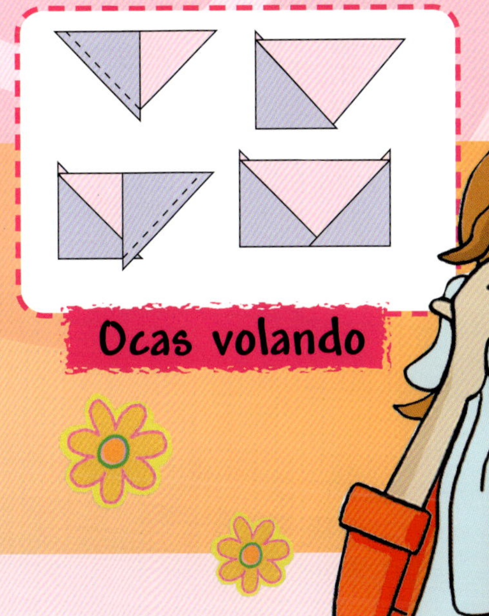

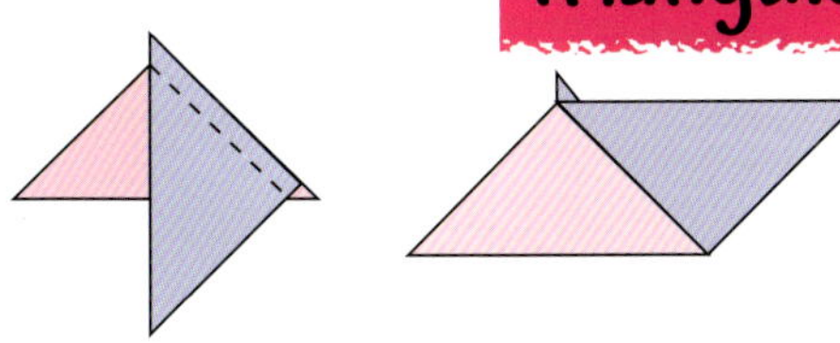

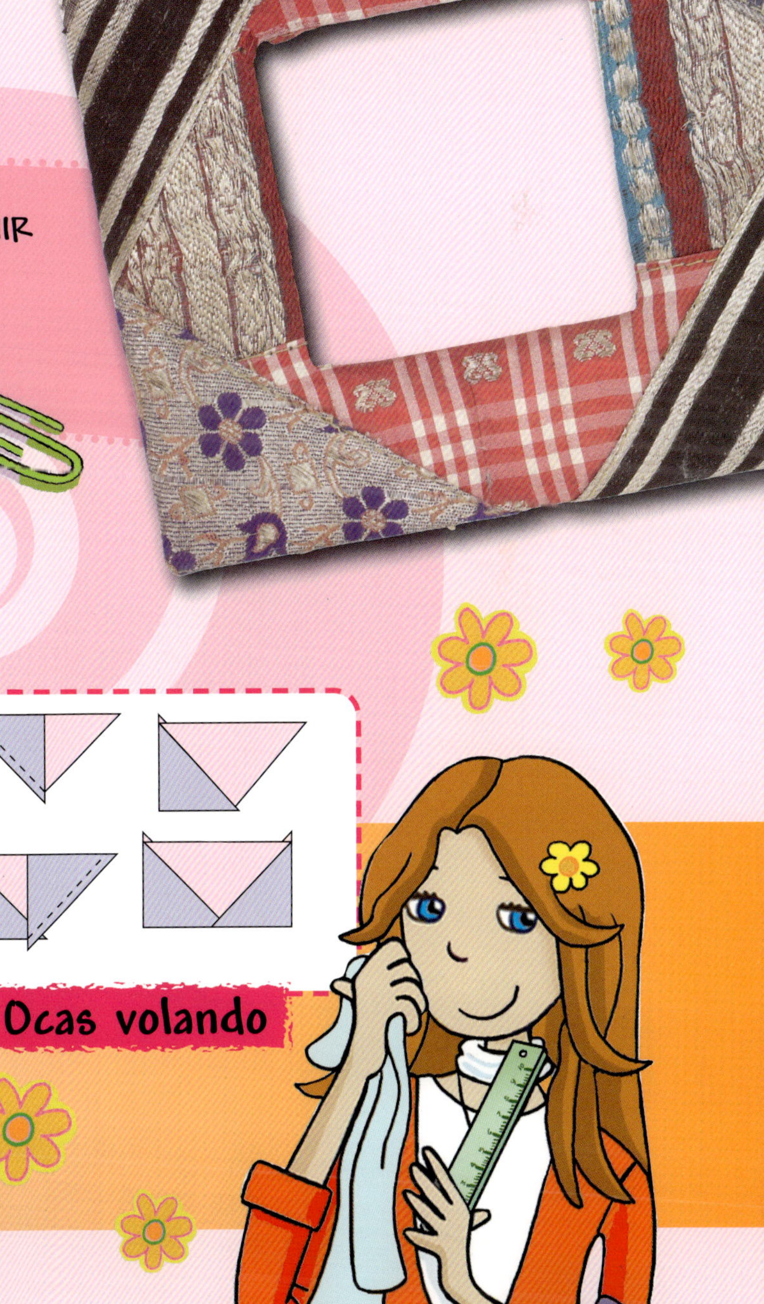

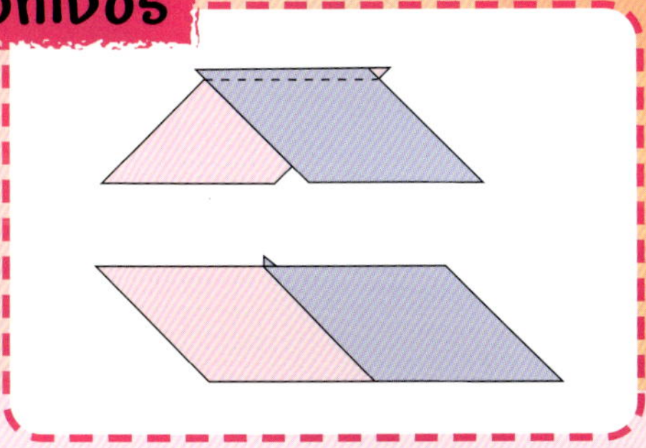

Teóricamente, para el *patchwork* hacen falta pocas cosas: **trozos de tela, tijeras, aguja, alfileres y un poco de hilo.** En realidad, hay herramientas que hacen el trabajo más rápido y preciso.

La máquina de coser:
Basta una simple máquina que haga pespuntes para unir los retales. Pero si se quiere acolchar a máquina, se necesita un pie adecuado. Igualmente, para las aplicaciones, si se desea usar los puntos decorativos de la máquina, se necesitan máquinas más sofisticadas.

PARA EMPEZAR

La técnica del *patchwork* puede resultar bastante complicada al principio. Antes de hacer un cojín entero de *patchwork*, puedes empezar aplicando sólo una figura geométrica a un cojín de un solo color.

Decoración

Un **cúter rotatorio** permite cortar la tela y obtener formas perfectas. Se usa junto con un **plano de corte graduado,** con **reglas y escuadras transparentes** de varios tamaños, que permiten cortar varias capas de tela en formas geométricas muy precisas.

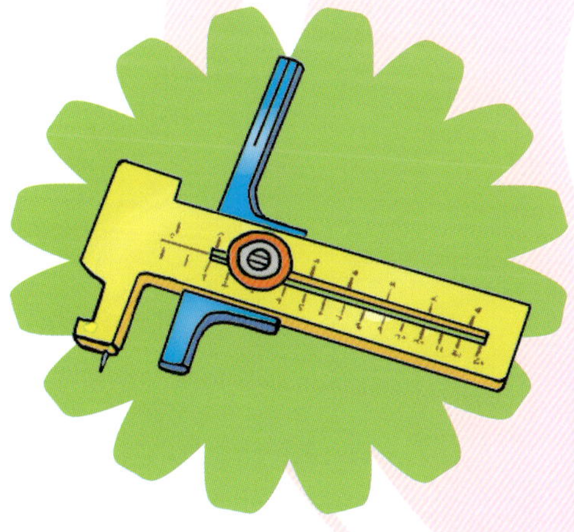

EL *PATCHWORK* PUEDE CONSIDERARSE UN VERDADERO ARTE... EL ARTE DE UNIR TROZOS DE TELA.

NACIÓ GRACIAS A LAS ESPOSAS DE LOS PIONEROS, PRIMEROS COLONIZADORES DE NORTEAMÉRICA, QUE UNÍAN INFINIDAD DE PEQUEÑOS RETALES PARA CONFECCIONAR MANTELES, CORTINAS Y COLCHAS. ES UN «ARTE POBRE» QUE UTILIZA MATERIAL DE DESECHO.

LA EXPRESIÓN *PATCHWORK* VIENE DEL INGLÉS *PATCH*, «PARCHE», Y *WORK*, «TRABAJO».

CREACIONES NAVIDEÑAS

Para conseguir una atmósfera navideña de fiesta, nada mejor que una buena decoración. En estas páginas encontrarás ideas fáciles para hacer adornos navideños sencillos pero originales.

¡No más paquetes aburridos!

Hasta el mejor regalo de Navidad, envuelto en un papel aburrido, pierde atractivo. Pero basta un poco de inventiva: aquí tienes algunas sugerencias para que tus **paquetes de regalo** queden preciosos y originales.

Necesitarás: papel de regalo, hojas secas, brillantina, cola líquida y una cinta.

Pasa un poco de cola líquida por las hojas secas y después espolvoréalas con brillantina. Envuelve el regalo con el papel y haz un lazo con la cinta. **Coloca las hojas doradas entre el** paquete y la cinta, o pégalas para que no se suelten. Ahí tienes: ¡rápido y económico!

NATURALES Y PERFUMADOS

¡El árbol de Navidad se puede adornar con una decoración ecológica y original con naranjas!

Antes que nada, consigue unas naranjas pequeñas y un bote de clavos de olor.

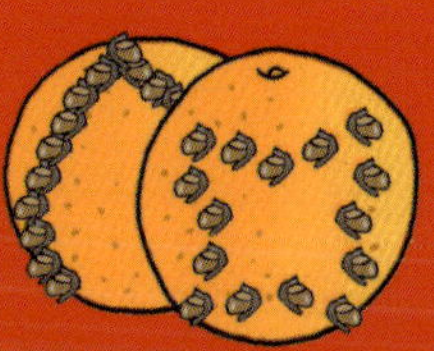

Pincha los clavos de olor en la cáscara de la naranja. Puedes divertirte creando figuras en espiral, estrellas, letras u otros dibujos.

Deja espacio para rodear las naranjas con cinta de raso, que te permitirá colgarlas fácilmente en tu árbol.

Alterna con las naranjas unas galletas atadas con la cinta: aligerarán el peso al árbol.

* Tu árbol desprenderá un agradable perfume durante todas las fiestas.

Asigna los lugares en la mesa

1 Consigue **macetitas de terracota** (en supermercados o tiendas especializadas en jardinería).

2 **Píntalas** con témpera roja (muy poco diluida) y déjalas secar bien.

3 Decóralas con estrellitas amarillas y **el nombre de tus invitados**. Para esto puedes usar un rotulador blanco o dorado.

4 Mete por el agujero de la base una **cinta de color o un hilo de bramante** y anúdalo a un palillo colocado transversalmente.

5 **Ata una cuenta** o abalorio a la cinta y anuda ésta con un bonita lazada.

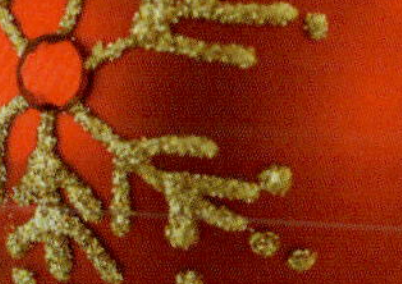

Las bolas de Navidad se pueden usar como marcapuestos para la mesa.

¡HOY COCINO YO!

silvia

BATÍDOS & ZUMOS

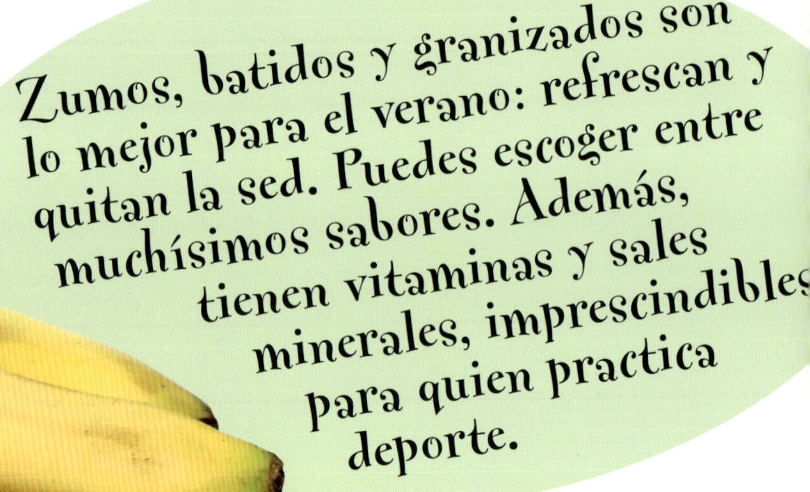

Zumos, batidos y granizados son lo mejor para el verano: refrescan y quitan la sed. Puedes escoger entre muchísimos sabores. Además, tienen vitaminas y sales minerales, imprescindibles para quien practica deporte.

Zumos y Batidos

Se obtienen triturando la fruta deseada, incluida, si se quiere, la cáscara (cuando es comestible). Es aconsejable escoger frutas maduras, para evitar tener que añadir azúcar.

Si a un zumo le añades leche o helado, es un batido y, si lo congelas, es un granizado. A veces se les añade café u otros aromas, como, por ejemplo, la menta.

En el momento de servir, añade un limón natural, lavado y cortado en rodajas.

¡Hoy cocino yo!

PIÑA Y CÍTRICOS

2 vasos de zumo de piña

2 vasos de zumo de naranja

1 cucharada y media de azúcar

el zumo de 1 limón

1 limón de agricultura biológica

1 **Mezcla** los zumos de naranja, piña y limón.

3 **Enfríalo** en el frigorífico dos horas como mínimo.

2 **Añade** el azúcar y mezcla muy bien.

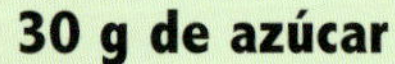

Preparación:
15 minutos + 1 hora
en el frigorífico

Nivel de dificultad:
medio

Número de personas:
4

1 **Mete la leche en el frigorífico** al menos una hora. **Trocea el chocolate.**

2 **Pela las peras,** pártelas en trocitos, quitando el corazón, y **tritúralas con el azúcar**, hasta obtener un puré homogéneo.

3 **Añade el chocolate** en trocitos y tritura todo unos 30 segundos más.

¡Hoy cocino yo!

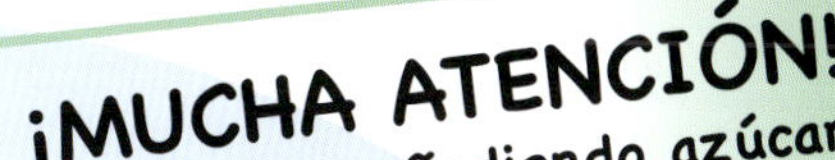

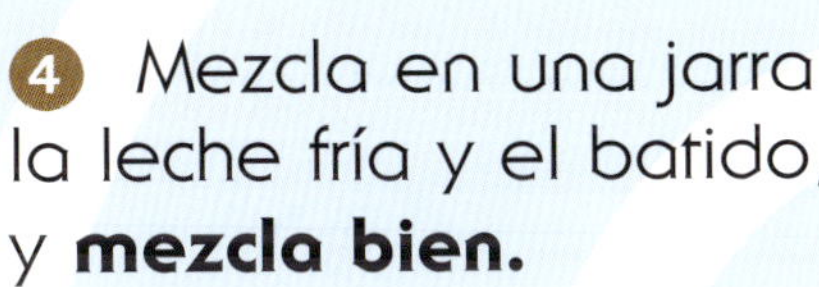

4 Mezcla en una jarra la leche fría y el batido, y **mezcla bien.**

Muy rápido, muy refrescante

1. TRITURA EL YOGUR CON EL HELADO, ABUNDANTE HIELO TRITURADO Y LAS HOJAS DE MENTA FRESCA BIEN LAVADAS.

2. DECORA LOS VASOS CON HOJAS DE MENTA Y SÍRVELO.

Preparación:
5 minutos

Grado de dificultad:
facilísimo

Número de personas:
4

HELADO CASERO

¿Por qué no hacer un helado en casa? No necesitas una máquina especial, sólo la vieja receta de la abuela... ¡Aunque nosotras contamos con la ayuda del frigorífico! ¡Échale un poco de imaginación y tu helado será realmente especial!

SOBRE TODO DEBES SABER QUE...

Para congelar una crema hecha con leche, huevos o nata y fruta es necesario mantenerla en el congelador una hora en un recipiente de metal (cobre o acero). Después, cada 15 minutos, hay que remover la mezcla con una cuchara de madera y volver a meterla en el congelador. La operación se repite hasta conseguir la consistencia adecuada. En total se necesitan de dos horas y media a cuatro horas, pero obtendrás un verdadero helado artesanal hecho con tus propias manos.

¡HOY COCINO YO!

HELADO DE MELÓN

250 g de pulpa de melón

200 g de azúcar

un poco de nata

zumo de limón

1 clara de huevo

1 Prepara un **jarabe con agua** (un vaso) **y el azúcar.**

2 **Tritura el melón con la batidora,** añade el zumo de limón y el jarabe.

3 **Incorpora la nata,** mezcla todo bien y ponlo en el congelador.

4 **Añade la clara montada a punto de nieve** sólo cuando el helado esté casi listo.

HELADO DE CEREZAS

250 g de azúcar

4 yemas de huevo

500 ml de leche entera

500 g de cerezas

1 cucharada de extracto de vainilla

1
Bate los huevos con el azúcar hasta que las yemas adquieran algo de consistencia.

2
Calienta la leche a fuego lento sin que hierva. Vierte la leche caliente sobre los huevos y vuelve a poner la cazuela en el fuego sin dejar de remover.

¡Hoy cocino yo!

3 Deja hervir sin dejar que
la crema se vuelva tan espesa
que se pegue a la cuchara.
Deja enfriar completamente.

4 Tritura en la batidora
la mitad de las cerezas
hasta reducirlas a puré.

5 Une todas las cerezas a la
crema, junto con una cucharada
rasa de extracto de vainilla.
Mete todo al congelador.

¡Curioso!

✔ El helado de frutas ronda las 160 calorías por cada 100 g, mientras que el que tiene leche aporta unas 220 como mínimo.

✔ El helado contiene azúcares simples, que dan energía y son útiles para quien practica deporte.

✔ Consumido después de las comidas, ayuda a la digestión.

✔ El helado hay que derretirlo en la boca. No se mastica y nunca hay que tomarlo deprisa.

BROCHETAS DE COLORES

Un plato fácil de realizar, rápido y nutritivo. ¡Saboréalas con tus amigos y verás cómo sus colores os ponen de buen humor!

Remoja los pinchos de madera (sin alimento) en agua fría al menos media hora, para que no se quemen durante la cocción.

¡Hoy cocino yo!

Brochetas de verdura

INGREDIENTES: **2** CALABACINES • **1** PIMIENTO • **1** BERENJENA • TOMATES CHERRY • **50** G DE ACEITUNAS SIN HUESO • **2** CUCHARADAS DE ACEITE • **2** CUCHARADAS DE ZUMO DE LIMÓN • ORÉGANO • SAL

★ Lava la berenjena y córtala en dados, espolvoréala con una cucharada de sal fina. Déjala reposar 30 minutos.

★ Pela el pimiento y los calabacines y corta todo en pedazos grandes.

★ Escurre los dados de berenjena y junta en un plato todas las verduras. Marínalas con aceite, zumo de limón, sal y orégano. Deja marinar 10 minutos y después arma tus brochetas.

Sin cocción

Uvas y queso...

... saben a beso.

INGREDIENTES (para 4 personas):
• 100-150 g de un queso fresco y cremoso • 200 g de uva blanca
• 8 pinchos de madera.

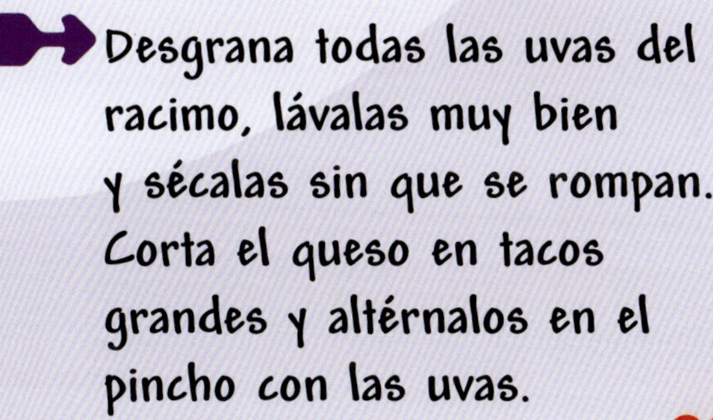

➡ Desgrana todas las uvas del racimo, lávalas muy bien y sécalas sin que se rompan. Corta el queso en tacos grandes y altérnalos en el pincho con las uvas.

Brochetas de carne

Si no quieres hacer las brochetas a la brasa o en la sartén, ásalas en el horno 35 minutos a 200 °C, usando un poco el grill.

Ingredientes: 200 g de pechuga de pollo • Romero • 4 salchichas • 1 pimiento • aceite de oliva • salvia • sal • 1 vaso de vino blanco • 300 g de filete de cerdo

★ Corta la carne en trocitos pequeños.

★ Distribúyela en los pinchos, alternando cada pedazo con pimiento y algunas hojas de salvia.

★ En una sartén antiadherente, calienta dos cucharadas de aceite de oliva y fríe las brochetas. Añade un poco de romero y vierte el vaso de vino blanco.

★ Cuando se evapore el vino, condimenta con un poco de sal y una pizca de pimienta... ¡Tus brochetas ya están listas!

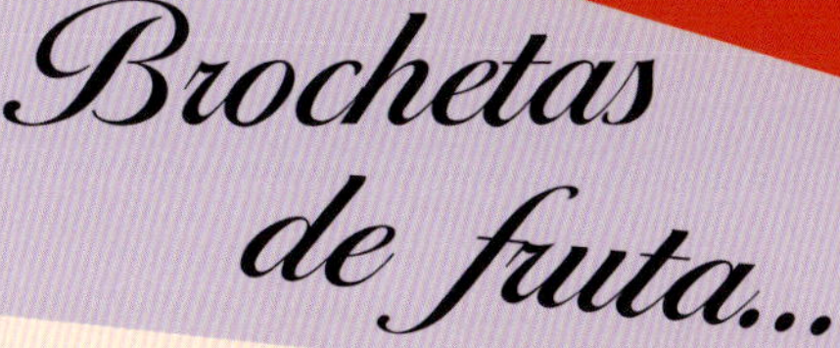

Brochetas de fruta...

... UNA IDEA SIMPÁTICA PARA SUSTITUIR LA CLÁSICA MACEDONIA

CORTA LA FRUTA EN PEDAZOS, POR EJEMPLO PIÑA, PLÁTANO, MANZANA Y NARANJA.

REBOZA LOS TROZOS DE FRUTA EN AZÚCAR

PINCHA LA FRUTA EN LAS BROCHETAS, PONLAS EN UNA FUENTE Y HORNÉALAS. BASTARÁN 5 MINUTOS.

FUNDE EL CHOCOLATE AL BAÑO MARÍA Y BAÑA CON UNA CUCHARA UN LADO DE LAS BROCHETAS.

DEJA QUE SE SOLIDIFIQUE.

Dulce y salado

Insólitas y originales. ¡Para momentos especiales!

INGREDIENTES (4 personas): 100 g de jamón de York • 100 g de jamón serrano • 150 g de queso gorgonzola • 12 aceitunas • media piña • 2 peras duras • medio limón • pinchos

Corta en pedazos las peras y riégalas con el zumo de limón. Pela la piña y córtala en dados. Pincha un trocito de pera y un dado de gorgonzola; luego, un trozo de piña envuelto en una tira de serrano. Continúa con el jamón de York en tiras, envuelto alrededor de una aceituna deshuesada.

GALLETAS Y PASTAS

Prepara la leche o el té, que llegan las galletas y las pastas. Si las haces con tus propias manos son aún más ricas y sanas. Elige entre todas estas recetas la que más te apetezca.

Ingredientes:
600 g de harina • 3 huevos
• 180 g de azúcar • 150 g de mantequilla o aceite de oliva • esencia de vainilla • la ralladura de 1 limón • 30 ml de leche • 1 sobre de levadura química

ROSCAS DE COLORES

Tamiza la harina con la levadura y añade el azúcar, los huevos, la vainilla, el limón, la mantequilla tibia y la leche. Obtendrás una masa compacta pero no dura.

Forma tiras con la pasta y luego enróscalas para hacer las rosquillas.

Cuece en el horno precalentado a 160 °C durante 20-25 minutos. Deja enfriar y, mientras, **prepara el glaseado.**

Mezcla 100 g de azúcar glas con el colorante y 2 cucharadas de agua muy caliente. Añade el agua en dosis muy pequeñas y mezcla hasta obtener una crema.

Después de hornear las galletas, decóralas con el glaseado.

Inmediatamente después, añade los fideos de colores, de chocolate o lo que más te guste.

Per el glaseado: 100 g de azúcar glas • fideos de colores de confitería • colorante alimentario

Consejos prácticos

El bicarbonato sódico

Es muy útil para que te salgan bien algunos tipos de galletas. La masa para las galletas no necesita levadura, porque, si se hinchasen demasiado durante la cocción, **perderían su forma.** Sin embargo, una masa sin levadura puede resultar dura y demasiado compacta. Para evitarlo se puede utilizar un poco de bicarbonato, que **vuelve la masa más suave.** Lo puedes encontrar en farmacias.

¡HOY COCINO YO!

BOLITAS DE COCO

✓ **¡Rápidas y sin necesidad de horno!**
Necesitarás:

300 g de galletas trituradas • 150 g de mantequilla fundida • 100 g de coco rallado • 1 yema de huevo • medio vaso de leche

Mezcla todo, dejando un poco de coco, y obtendrás una masa pegajosa (no líquida). Ponla en el refrigerador y déjala reposar hasta que esté compacta. Forma bolitas, rebózalas en el coco... ¡y ya está! Se conservan en el frigorífico.

ASÍ SE HACEN LAS CLÁSICAS PASTAS DE TÉ INGLESAS:

Ingredientes para 6 personas:
150 g de harina
75 g de mantequilla
50 g de azúcar
1 huevo
35 g de almendras trituradas
75 g de chocolate amargo
1 sobre de azúcar vainillado
mantequilla (para untar)

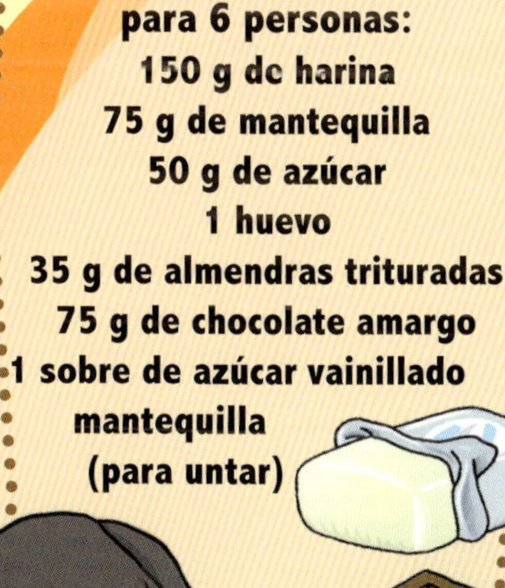

1 En un recipiente, mezcla la mantequilla, la harina, los dos tipos de azúcar, el huevo y las almendras. **Amasa todo muy bien.**

2 Forma una bola y **déjala reposar en el refrigerador** 30 minutos.

3 Con una manga pastelera, **forma bastoncillos o «eses»** y ponlas en una fuente de horno engrasada con mantequilla. Déjalas reposar en el frigorífico una hora.

4 Después **cuece las pastas en el horno** a 220 °C unos 10 minutos. En cuanto se enfríen, derrite el chocolate amargo al baño maría y **decóralas sumergiéndolas en el chocolate hasta la mitad.**

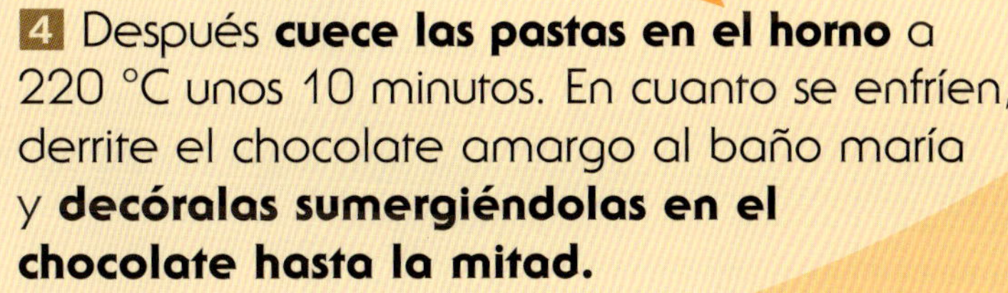

SABROSAS ENSALADAS

El calor empieza a hacerse sentir y se nos antoja comer algo fresco, poco elaborado, sano y rico en vitaminas... Pero, ¡no sólo lechuga!

Ensalada de pollo y piña

INGREDIENTES

medio pollo cocido
media piña fresca
1 manzana *granny smith*
apio y limón
1 cucharada de azúcar
lechuga
mayonesa
pimienta de Cayena

1 Lava y seca la **lechuga.** Corta la **manzana** en rodajas, sin pelarla, y la **piña** en dados. Raya el **apio** y mézclalo con la fruta.

Ensalada de aguacate

Corta 4 tomates en trocitos y elimina las semillas. Limpia 2 aguacates, córtalo en pedazos y ponles unas gotas de limón para que no se oxiden. Corta unos 250 g de *mozzarella* en daditos. Pon todo en una ensaladera y añade una pizca de orégano, pimienta, sal y aceite de oliva.

2 Añade el **zumo de limón,** espolvorea el **azúcar** y déjalo macerar 15 minutos.

3 Quítale la piel al **pollo,** deshuésalo y corta la carne en tiras. Condimenta con un poco de **mayonesa** y añade una pizca de **pimienta de Cayena.**

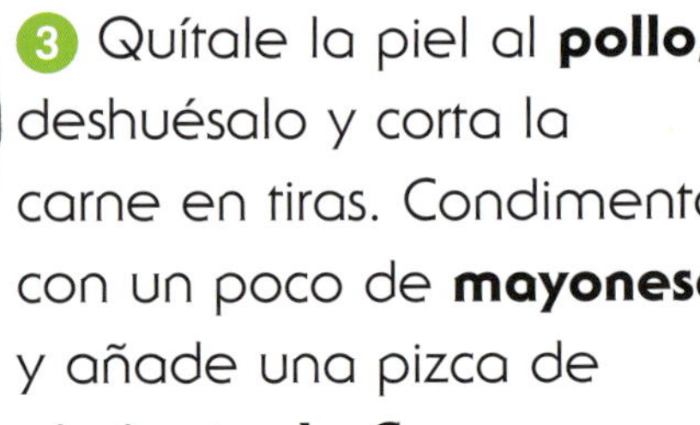

¡Hoy cocino yo!

4 Mezcla el pollo con la fruta y el apio, y pon todo en una **ensaladera con el fondo cubierto de hojas de lechuga.**

5 Deja reposar tu ensalada en el refrigerador una hora.

Ensalada griega

1 Lava y seca toda la verdura. Pica la lechuga, corta los tomates en gajos y déjalos escurrir en un colador. Córtales la punta a los pepinos y rebánalos en rodajas. Pela la cebolla y córtala en aros finos; escurre las aceitunas para quitar la salmuera.

2 Prepara el aliño: pon en un frasco de cristal 4 o 5 cucharadas de aceite, una pizca de sal y 2 cucharadas de vinagre; cierra el frasco y agítalo, hasta obtener una salsa bien emulsionada.

3 Añade el queso feta en trocitos, aliña con la salsa del frasco y espolvorea el orégano.

Si quieres mejorar este plato, sírvelo acompañado con una salsa de berenjenas o con tzatziki, una salsa a base de yogur y pepinos.

Tarta de frutas

Exquisita, sobre todo en verano cuando la fruta es más apetitosa y atractiva. Es perfecta para el desayuno o la merienda, pero también como postre después de la comida.

INGREDIENTES

Masa quebrada: 200 g de harina, 2 huevos, 100 g de mantequilla, 100 g de azúcar, la ralladura de 1 limón, 1 cucharada de levadura. Crema pastelera: 4 yemas de huevo, 4 cucharadas de harina, 5 cucharadas de azúcar, 400 ml de leche, la corteza de 1 limón. Fruta fresca y gelatina.

La base de masa quebrada

Forma un volcán con la harina y pon en el centro el azúcar, la mantequilla en trozos, los 2 huevos, la ralladura de limón y la levadura.

Amasa todos los ingredientes, **trabajando con rapidez** hasta obtener una masa homogénea.

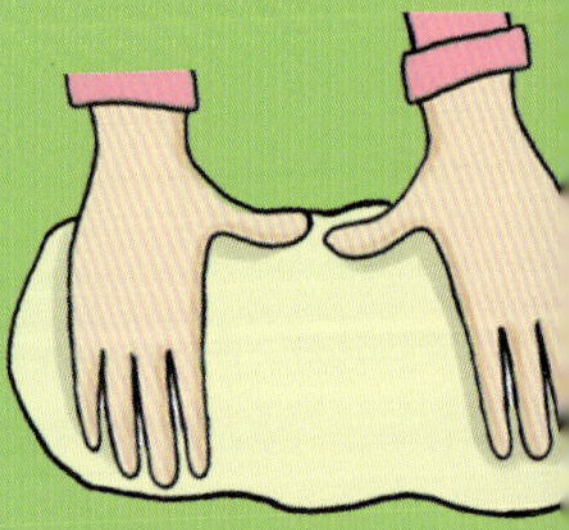

La crema pastelera

Bate los huevos con el azúcar. Añade la harina disuelta en la leche y la corteza de limón.

Cuece la crema a fuego lento sin dejar de dar vueltas.

La decoración

Saca la tarta del horno y **déjala enfriar al menos una hora** antes de añadir la fruta fresca.

Si quieres, al final, puedes añadir por encima de la fruta una capa de gelatina dulce.

¡Hoy cocino yo!

Envuelve la masa en plástico de cocina y **métela en el frigorífico media hora.** Aplánala con un rodillo y forra con ella un molde engrasado con mantequilla. Hornea 15 minutos a 180 °C.

Una vez cocida la masa quebrada, extiende la crema por encima y **hornea otros 15 minutos**.

Si te encanta el chocolate ...

Para rellenar la tarta, en lugar de la fruta puedes usar una crema de chocolate. Divide la masa en dos partes. Con una parte prepara la base de la tarta en el molde. Cúbrela de crema de chocolate (unos 400 g para una tarta de 25 cm de diámetro), alisándola bien con una espátula. Con la pasta restante haz dos cilindros finos con los que hacer una retícula sobre el chocolate y el borde de alrededor que cerrará la tarta.

Cubre la tarta con papel de aluminio (así el chocolate queda blando) y hornea a 180 °C durante unos 40 minutos. Cuando queden diez minutos para que se acabe el tiempo de cocción, retira el papel de aluminio.

Nuestro Jardín

sara y
luis

De semilla a planta

Todas las plantas nacen de una semilla... ¿Por qué no tratar de entrar en contacto con la naturaleza observando la magia de la germinación? ¡Estarás orgullosa de tus plantas!

¿Qué es la semilla?

Es una solución genial que ha permitido a las plantas colonizar la Tierra y sobrevivir a cataclismos como inundaciones e incendios. La semilla contiene el embrión (la planta joven) y una provisión de nutrientes para su crecimiento. Puede considerarse como una barca con un *kit* de supervivencia que contiene todo lo necesario para volver a dar origen a una nueva planta. La semilla no tiene prisa, esperará a que se satisfagan tres condiciones de vital importancia: disponibilidad de agua, una temperatura óptima y un suelo bien aireado.

Curiosidades

La semilla garantiza la supervivencia del embrión, manteniéndolo en un estado de latencia. ¡Se han encontrado semillas egipcias de hace 4.000 años aún capaces de germinar!

Nuestro jardín

Puedes empezar...

... con la elección de la semilla. Maíz, calabaza, cebada, avena, trigo y judía son perfectos. Pero si ya tienes plantas en casa, puedes coger sus semillas.

¡MUCHA ATENCIÓN!
Las semillas tratadas con sustancias químicas no podrán germinar.

Crea el ambiente adecuado

2 Consigue un vaso o un **recipiente de vidrio** y fórralo con **papel absorbente.** Después, llénalo de buena tierra.

TRASPLANTA LAS SEMILLAS

3 Coloca antes tus semillas **entre el recipiente y el papel absorbente.**
¡Esto te permitirá observar cada fase de la germinación!

AGUA Y LUZ

Riega la tierra y mantenla siempre húmeda en los días siguientes. Escoge un lugar **bien iluminado** y alejado de fuentes de calor.

4

Y UN POCO DE PACIENCIA...

5 Las semillas necesitan **tiempos diferentes para germinar:** al trigo, la cebada y la avena les bastan pocos días; otras, como el níspero, se desarrollan más lentamente.

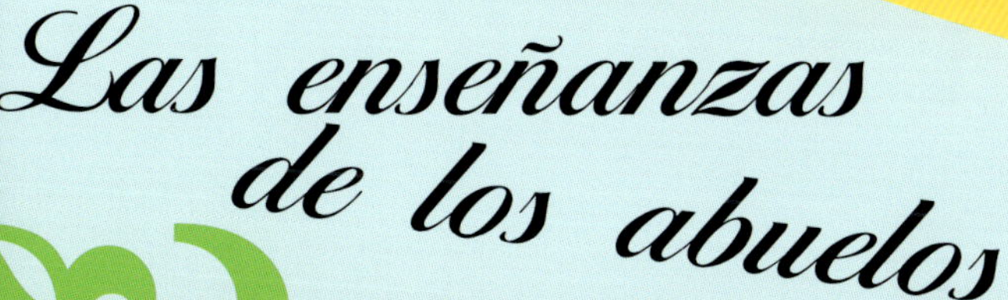

Las enseñanzas de los abuelos

Los abuelos nos enseñaron que se siembra en luna creciente todo lo que debe florecer y crecer sobre la tierra y en luna menguante lo que debe permanecer el máximo tiempo posible sin florecer y crecer bajo tierra.

Está relacionado con la circulación de la savia y es parecido a lo que sucede con las mareas.

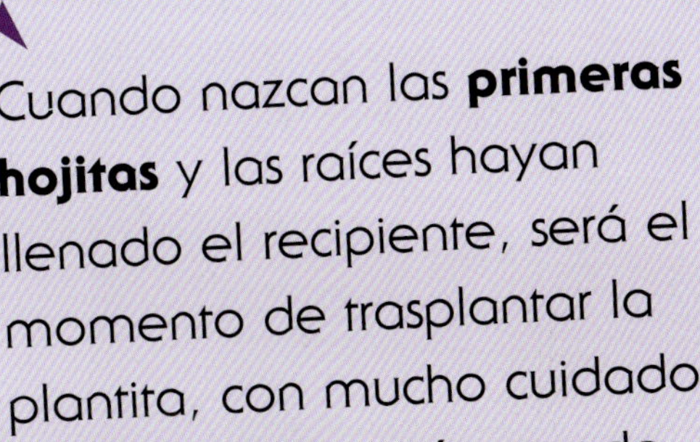

Cuando nazcan las **primeras hojitas** y las raíces hayan llenado el recipiente, será el momento de trasplantar la plantita, con mucho cuidado, a una maceta más grande.

ESQUEJE DE GERANIO

El geranio es el rey de balcones, terrazas y jardines. En primavera puedes multiplicar fácilmente tus plantitas con algunos esquejes ¡y en verano tendrás un jardín lleno de flores!

pulverizador

macetas poco profundas

tijeras o podadera

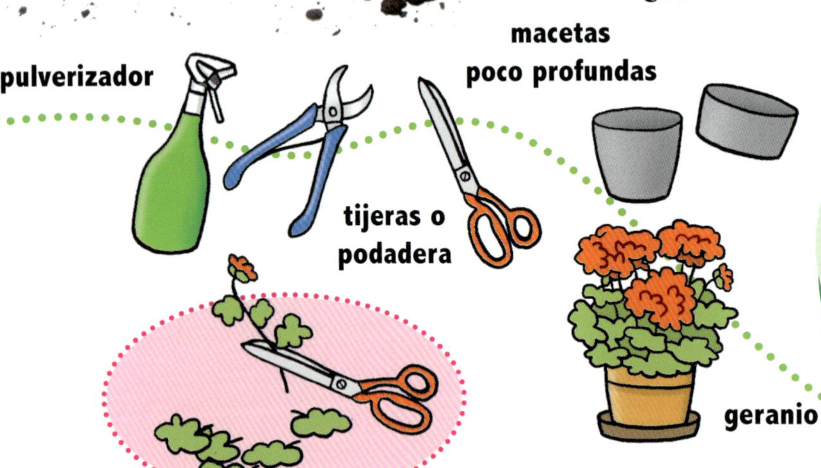

¿QUÉ ES UN ESQUEJE?

El esqueje es una ramita cortada y plantada en la tierra o el agua para regenerar las partes que le faltan. De esta manera, damos vida a un nuevo ejemplar idéntico a la planta madre. El método de reproducción por esquejes es muy utilizado.

1. Corta dos ramitas de tu geranio de unos 10 cm de largo, teniendo cuidado de cortar también una pequeña porción lateral del tallo. Elige un día fresco y riega la planta la noche anterior, de manera que las ramitas que cortes estén impregnadas de agua.

2. En cada ramita elimina las flores y las hojas más bajas.

3. Planta los esquejes en mantillo bien drenado y ligero (con una parte de turba y otra de arena).

En las tiendas de plantas encontrarás polvo de hormona enraizante, con la que se impregna la parte inferior del esqueje antes de plantarla. Este tratamiento aumentará las probabilidades de que la ramita arraigue.

4. Rocía la plantita con agua, usando un vaporizador.
El mantillo deberá estar siempre húmedo, pero no mojado. Para este propósito, cubre la maceta con plástico transparente (usando unos palitos clavados en la tierra para mantener el plástico separado de la planta).

5. Colócala en la penumbra; después de un mes o un mes y medio aparecerán las nuevas raíces. Cuando esto suceda, podrás trasplantar la plantita a una maceta más grande y con tierra para plantas adultas.

ESPECIES MÁS COMUNES

Pelargonium zonale (geranio común) se caracteriza por sus hojas vellosas y en forma de corazón.

Geranio de olor. Tiene pequeñas hojas perfumadas y flores diminutas, normalmente blancas o rosadas.

Pelargonium peltatum. La gitanilla, o geranio de hiedra, tiene hojas en forma de escudo y sus ramas colgantes miden hasta 1 m de largo.

Geranio de pensamiento o pelargonio. De característicos pétalos redondeados y jaspeados, de un color pardo rojizo.

CON EL COPETE DE UNA PIÑA

Con esta fruta exótica, originaria de América del Sur, puedes hacer que nazca una graciosa planta verde de hojas color gris verdoso.

1 **Corta** con un cuchillo afilado **la roseta central desde la base,** sin ningún resto de pulpa, para reducir el riesgo de que se marchite.

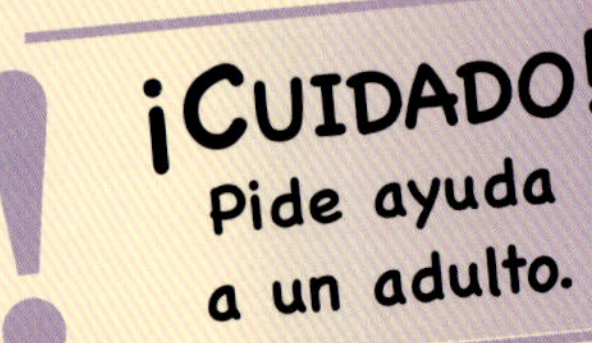

¡CUIDADO! Pide ayuda a un adulto.

¡ES IMPORTANTE ESCOGER LA PIÑA ADECUADA!

Fíjate que la roseta central esté íntegra y que el corazón interior no esté perforado. Es preferible que tenga hojas de un verde muy vivo.
En la mayoría de los casos encontrarás piñas a las que se les ha quitado el ápice vegetativo (el centro de la roseta), para evitar que crezca el brote en detrimento de la fruta...
¡No te rindas y sigue buscando la piña adecuada!

2

Pon el brote en un vaso con agua.
**Es importante que el nivel del agua
llegue a tocar el brote**, incluso algún
milímetro por encima, ¡pero no más!

3

Si quieres, puedes
poner una gota
(¡no más!) de **abono
líquido** en el agua:
¡dará nutrientes al brote!

4 Coloca el vaso en un lugar **cálido y húmedo,** como un pequeño invernadero o una galería soleada.

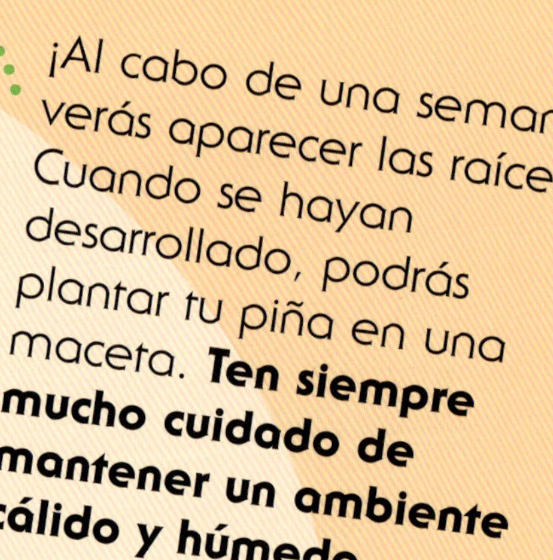

5 ¡Al cabo de una semana verás aparecer las raíces! Cuando se hayan desarrollado, podrás plantar tu piña en una maceta. **Ten siempre mucho cuidado de mantener un ambiente cálido y húmedo.**

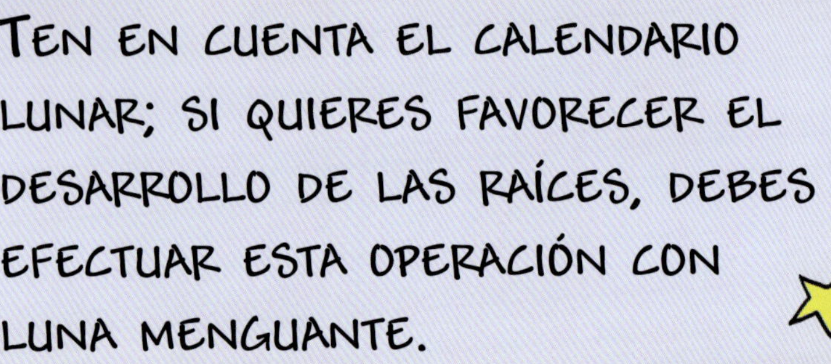

¡Es rica y sana!

A pesar de su sabor dulce, la piña tiene pocas calorías (100 g aportan unas 40 calorías), pues está constituida en un 90% por agua. La enlatada tiene más calorías.

Es rica en vitaminas A y C, y en sales minerales, en particular potasio. Es un buen antioxidante para la piel, refuerza las defensas inmunitarias y es útil sobre todo en casos de estrés.

Contiene bromelina, una enzima antiinflamatoria que facilita la digestión de las proteínas (carne y pescado). Sin embargo, el calor la destruye, por lo que no está presente en la piña enlatada o cocida, como la de las tartas.

Bulbos de tulipán

¿También tú eres víctima de la «tulipanmanía»? Entonces deberías saber que en el siglo XVII los mejores bulbos procedentes de Oriente eran objetos de coleccionismo, ¡y llegaban a costar lo mismo que una esmeralda!

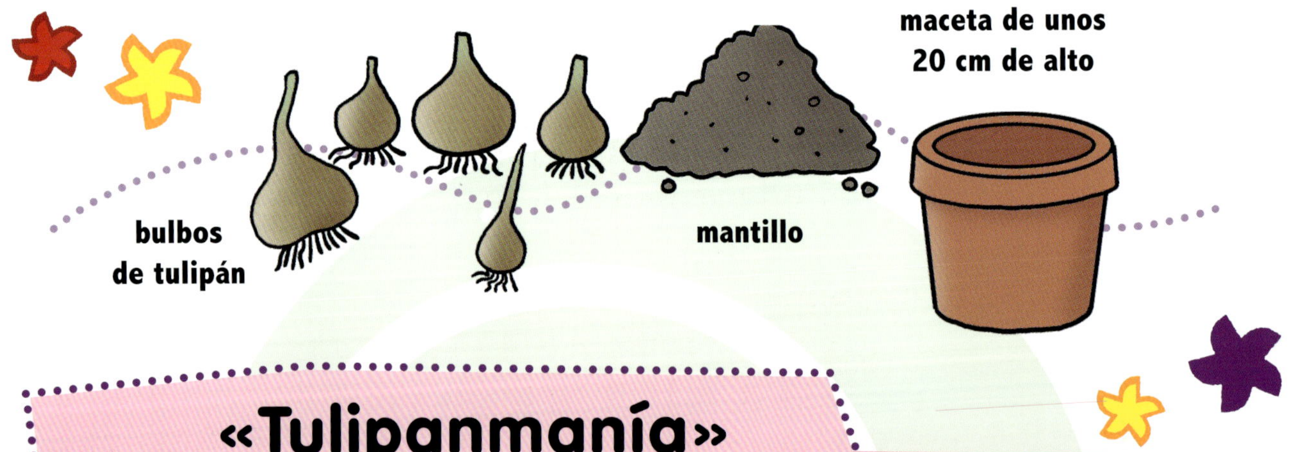

«Tulipanmanía»

Si adoras los tulipanes DEBERÍAS VISITAR UNO DE LOS PARQUES MÁS BELLOS DE EUROPA: EL PARQUE-JARDÍN DE KEUKENHOF, CERCA DE ÁMSTERDAM. SU NOMBRE SIGNIFICA «PATIO DE LA COCINA» Y HACE REFERENCIA A LOS HÁBITOS DE LA CONDESA JACOBA VAN BEIEREN, PROPIETARIA DE ESTAS TIERRAS DESDE 1401 A 1436. SOLÍA PASEAR, CAZAR Y RECOLECTAR HIERBAS PARA LA COCINA DEL CASTILLO. ACTUALMENTE, GRACIAS A LA CONTRIBUCIÓN DE PERSONAJES ILUSTRES COMO LAS FAMILIAS REALES HOLANDESA E INGLESA, KEUKENHOF OCUPA EL TERCER LUGAR ENTRE LOS DESTINOS TURÍSTICOS MÁS FOTOGRAFIADOS DEL MUNDO. ¡PERO MUCHA ATENCIÓN! EL PARQUE SÓLO ESTÁ ABIERTO DURANTE LA ÉPOCA EN QUE FLORECEN LOS TULIPANES, DESDE EL INICIO DE LA PRIMAVERA HASTA MEDIADOS DE MAYO.

¿Cómo se cultivan los bulbos?

Los bulbos se pueden plantar en la tierra si tienes un jardín; si no, en una maceta.

En **noviembre** pon una capa de mantillo en la maceta. El mantillo lo venden en tiendas de plantas o viveros. Es importante que el suelo quede **bien drenado.** Si el agua se acumula, los bulbos se marchitarán rápidamente.

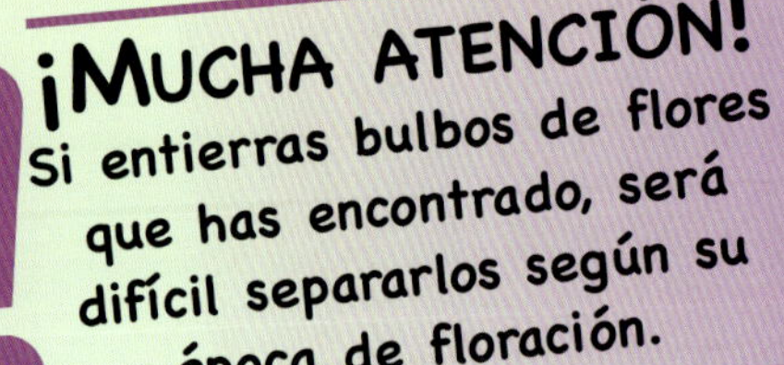

Entierra los bulbos a 10 cm de profundidad. Deja al menos 10 cm entre uno y otro. No es fácil lograr una maceta llena de tulipanes: si los bulbos están demasiado juntos, es posible que crezcan muy poco.

Cubre los bulbos con una capa de mantillo de 15 a 20 cm y riégalos a menudo en las semanas siguientes hasta que aparezcan las plantitas.

Cuando las flores se marchiten, espera un poco para que el bulbo absorba nutrientes y después sácalo de la tierra. Déjalo secar a la sombra un par de semanas y consérvalo hasta el otoño siguiente.

Amor verdadero

omo cualquier otra flor, también el tulipán tiene un significado. Los tulipanes representan el amor verdadero.

¿Cuándo brotan las flores?

El tulipán florece de abril a junio, según la variedad, por lo que puedes comprar tipos diferentes para tencr flores siempre y decidir si mezclarlos o separarlos por colores.

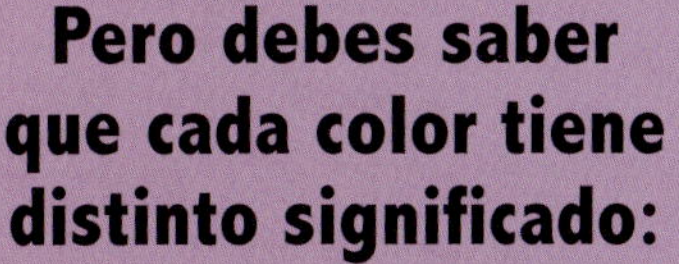

Pero debes saber que cada color tiene distinto significado:

 **TULIPÁN ROJO**
Declaración de amor. 

 **TULIPÁN AMARILLO**
Tu sonrisa es como el sol. 

TULIPÁN VIOLETA
Modestia. 

UN JARDÍN COLGANTE

Si sólo tienes un balcón pequeño, pero sueñas con un jardín con muchas flores de colores y las plantas más perfumadas, puedes hacer realidad tu sueño...

SI TIENES UNA TERRAZA SOLEADA

¿Te olvidas de regar regularmente las flores? Entonces elige **plantas crasas**, que no necesitan de muchos cuidados. Puedes adquirir una **verdolaga**, planta anual que florece en abundancia.

En una terraza soleada pueden crecer exuberantes **petunias y geranios** pero, si quieres cambiar, puedes llenar las macetas con **verbena de colores**. De este modo, las flores invadirán tu terraza.

Las macetas

Es importante encontrar y preparar las macetas idóneas para tu jardín colgante. Sigue estos consejos:

✔ Es aconsejable **CAMBIAR LA TIERRA TODOS LOS AÑOS,** tirando la del año anterior, que podría contener larvas de insectos.

✔ Cuando siembres las plantas de flor, **CALCULA AL MENOS 15 o 20 CM DE ESPACIO ENTRE ELLAS,** ya que conforme pasen las semanas irán creciendo y llenando todo el espacio disponible.

✔ **TEN EN CUENTA EL PESO...** Si tu terraza las puede sostener, puedes usar macetas de barro, más resistentes a la intemperie y porosas, capaces, por lo tanto, de dispersar la humedad del suelo; de lo contrario, usa macetas de plástico o resina.

✔ Si te es posible, en lugar de las clásicas macetas, **RECICLA RECIPIENTES DE TODO TIPO. NO OLVIDES PERFORAR EL FONDO** para que salga el agua. ¡Tendrás una terraza muy original!

NUESTRO JARDÍN

Las plantas aromáticas

Las plantas aromáticas producen más satisfacción si las cogemos frescas de nuestra propia maceta; parecen incluso mejores. No es tan difícil cultivarlas; sólo necesitas un poco de espacio en tu balcón. Puedes utilizar tarros o cajitas, siempre y cuando tengas la precaución de trasvasar las plantitas que compres a recipientes un poco más grandes que los originales.

Ten presente que las plantas aromáticas hay que colocarlas en lugares resguardados del viento y expuestos a pleno sol.

En una terraza sombreada es mejor no plantar petunias o geranios, pues darían pocas flores. Por el contrario, puedes escoger plantas a las que no les gusta el sol, como las **alegrías**, que seguirán floreciendo hasta octubre, o bien **azaleas** y **helechos.**

SI TU TERRAZA ES SOMBREADA

Si prefieres las **plantas trepadoras**, para cubrir un muro o la barandilla de la terraza, puedes sembrar una **parra virgen**, que es muy decorativa, una **hiedra** o una **madreselva.**

JARDÍN ACUÁTICO

¿Quieres cultivar plantas acuáticas? Lo ideal es tener un jardín con un pequeño lago, aunque para empezar pueden bastar también sencillos jarrones, cubos o tinas.

① PREPARA EL RECIPIENTE

★ Consigue un cubo grande, que servirá de base para tu minijardín acuático. Forra el cubo con el plástico marcando bien la forma.

★ Coloca dentro del cubo el recipiente de plástico o cristal (mejor si es transparente; así tendrás un efecto final más natural).

★ Pon en el fondo del recipiente grava de acuario, algunas piedrecitas y llénalo de agua.

¿Sumergidas o flotantes?

Hay dos tipos de plantas acuáticas: las que viven completamente sumergidas en el agua (tanto los tallos como las hojas) y las que se encuentran donde el agua es más baja, con el tallo y las hojas siempre fuera del agua.

★ Disimula los bordes del recipiente con corteza, piedrecitas o plantitas terrestres.

NUESTRO JARDÍN

② ESCOGE LAS PLANTAS

★ Si dispones de un recipiente profundo (de 40 a 50 cm), lograrás, con algunos cuidados, que florezcan los nenúfares también en tu terraza. De lo contrario, busca en tiendas especializadas una Pygmaea rubra, que crece incluso con pocos centímetros de agua.

★ Muy sencilla de cultivar y muy bonita: es la planta del papiro.

Es aconsejable cambiar de vez en cuando el agua para oxigenar las raíces y añadir abono para plantas acuáticas.

③ AHUYENTA A LOS MOSQUITOS

★ Si eres tan afortunada de tener un jardín con un estanque de verdad, debes estar atenta para que no proliferen los mosquitos, que depositan sus larvas en el agua.

★ En una tienda de peces o acuarios, compra gambusias y suéltalas en tu estanque. Estos pequeños pececitos grises son conocidos principalmente por su voracidad en cuanto a larvas de mosquito se refiere.

¡MUCHA ATENCIÓN!
No sueltes las gambusias en la naturaleza. No son autóctonas y pueden causar daños en nuestro ecosistema.

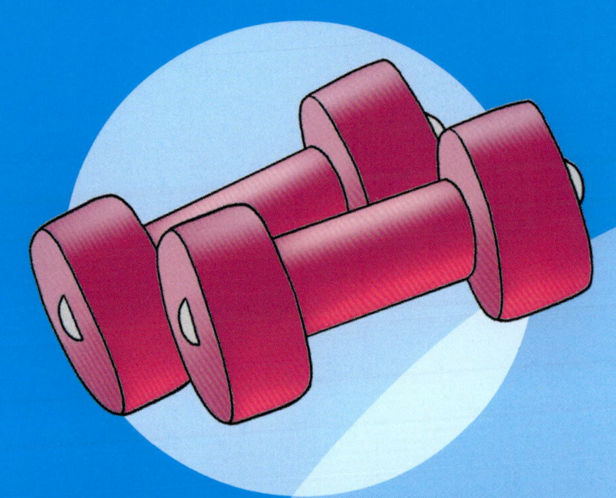

EJERCICIOS

Lucía
y Miguel

¡DESPÍERTA CON ENERGÍA!

El momento después de levantarte es el ideal para practicar algunos sencillos ejercicios que te ayudarán a afrontar mejor el día.

Éstos son algunos ejercicios fáciles para hacer por la mañana (o siempre que tengas unos minutos libres). Consigue una **colchoneta** o una alfombra suave y una **pelotita.**

LA RESPIRACIÓN

Recuerda: ESPIRAR al flexionar la columna vertebral, aducir las extremidades superiores o flexionar las inferiores.

INSPIRAR al estirar la columna vertebral, abducir las extremidades superiores o estirar las inferiores

(Aducir = aproximar al eje del cuerpo una parte que se había separado de él.
Abducir = separar una parte del cuerpo de su eje).

¡MUCHA ATENCIÓN!

Para evitar arquear la espalda, contrae los abdominales y no retengas la respiración.

GLÚTEOS

A cuatro patas, apóyate sobre los codos y las rodillas. **Estira una pierna** en línea con el cuerpo.

PECTORALES

Aprieta con fuerza la pelota, manteniendo el torso bien derecho. **Mantén la presión de la pelota** durante unos 3 segundos.

EJERCICIOS

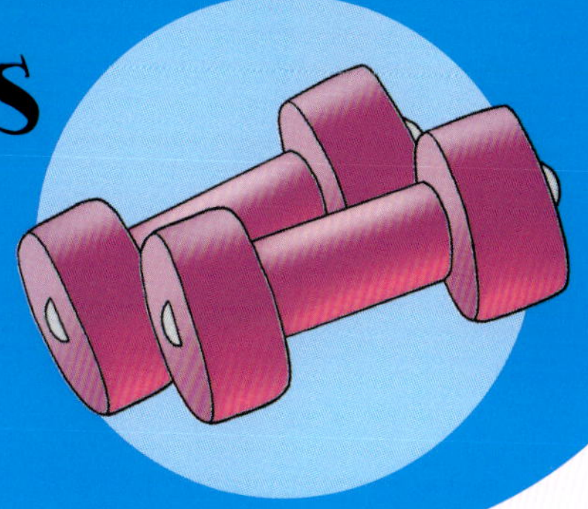

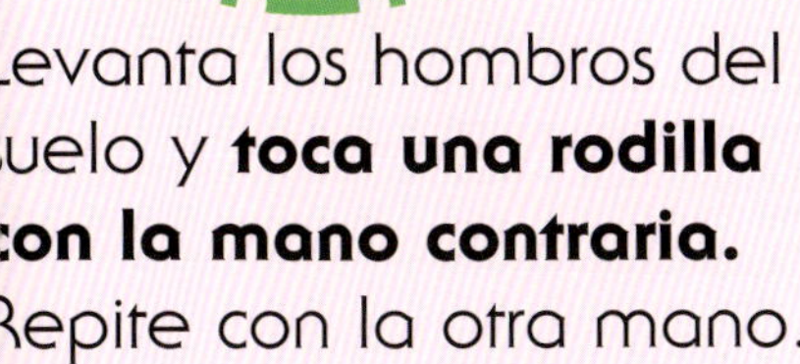

Levanta los hombros del suelo y **toca una rodilla con la mano contraria.** Repite con la otra mano. Después, haz el ejercicio **tocando con la mano el pie contrario.**

Con un brazo arriba y otro abajo: **Impulsa los brazos hacia atrás**, uno después de otro, 10 veces seguidas.

¡La música también puede ayudarte a empezar mejor el día! Además, es la base del *fitness*: en el gimnasio, antes de una *competición* o durante los ejercicios «caseros», la música es esencial.

CUERPO TONIFICADO CON EL STEP

El *step* es una estupenda ayuda para estar más tonificada, en forma y segura de ti misma para cuando llegue el verano. Tienes que proponértelo desde el invierno y ser constante.

EL ESCALÓN «MILAGROSO»

La palabra inglesa STEP significa literalmente «escalón»: en el campo del *fitness* hace referencia a los ejercicios que consisten en una dinámica de subir y bajar de una plataforma al ritmo de la música. Es ideal para moldear tu cuerpo de forma divertida. Se alternan fases cardiovasculares y de tonificación, con pequeños aparatos (elásticos, barra, pesas).

Un entrenamiento correcto necesita de algunos conocimientos técnicos para evitar forzar o dañar las articulaciones:

✔ La planta del pie debe apoyarse completamente en la plataforma cuando se realizan los ejercicios.

✔ El *step* debe estar siempre en el centro de tu campo visual.

✔ No aumentes la altura del *step* hasta que no domines los movimiento

El aqua-step

Solución perfecta para las piernas

¡No podía faltar la versión del *step* para la piscina! Pesa más el tradicional, la plataforma mide **unos 20 cm** y se fija al fondo con unas **ventosas especiales**.

CON EL STEP BAJO EL AGUA QUEMAS HASTA 400 CALORÍAS EN UNA HORA.

EJERCÍCIOS

Si no quieres ir al gimnasio y no cuentas con un step, puedes utilizar una silla de la cocina.

Claro está que hay que tener mucho cuidado, porque la silla es mucho más alta que el step; sin embargo, la altura mayor y, por lo tanto, el mayor esfuerzo te garantizan resultados más evidentes. El secreto radica en subir lateralmente, en lugar de hacerlo frontalmente, para ejercitar los músculos de piernas y glúteos, y reforzarlos.

¡ATENCIÓN!
Al terminar, no olvides hacer 10 minutos de estiramientos (ver página 210).

¿SABÍAS QUE... ?

Hace 15 años, la atleta norteamericana Gin Miller se lesionó una rodilla y como rehabilitación se le prescribió subir y bajar escaleras. Para hacer el ejercicio menos aburrido se le ocurrió utilizar una caja de embalaje. Terminó su rehabilitación subiendo y bajando de lo que después se llamó STEP y obtuvo excelentes resultados.

EL AGUA NO DEBE SER MUY PROFUNDA (120 A 130 CM).

El movimiento del agua sobre las piernas constituye una forma de **masaje benéfico que favorece la circulación** sanguínea y ayuda a deshacer posibles cúmulos de grasa.

Escoge un traje de baño que te permita **libertad de movimientos** y que **sujete el pecho.** Puedes usar un traje completo o un dos piezas, pero deportivo. Aunque lo puedes hacer descalza, se **aconseja el uso de zapatos adecuados.**

¡Un poco de yoga!

Si practicas yoga con constancia conseguirás aprender a relajarte, pero también a respirar mejor, a adoptar una postura corporal correcta y a «sentir» cada pequeño músculo de tu cuerpo.

La respiración está estrechamente relacionada con el yoga: **calmando la respiración se calma también la mente**. Por desgracia, hemos olvidado respirar de manera correcta y llenamos sólo una pequeña parte de los pulmones.

La respiración

Para comenzar puedes sentarte, si quieres en una silla normal. Lo importante es que **mantengas la columna vertebral, el cuello y la cabeza bien alineados verticalmente**.

Respiración pranayama en 4 fases

1. **Concéntrate sólo en respirar y espirar,** pasando de una fase a otra pausadamente. Esta fase se llama **sukha** y desarrolla la armonía y el equilibrio.

2. Inspira, **mantén el aire en los pulmones y luego espira.** La fase **loma** (que significa positivo, asimilador, convexo, fuente de calor) permite almacenar energía.

3. **Ahora inspira, espira y mantén los pulmones vacíos.** Es la fase **viloma,** que significa negativo, oxidante, cóncavo, refrescante. Ésta es la respiración que relaja.

4. Ahora es el momento de desarrollar la **respiración cuadrada,** donde convergen las cuatro fases: inspira, mantén los pulmones lleno, espira, mantén los pulmones vacíos. Es la fase **catur** (el número cuatro en sánscrito): con ella se desarrolla el autocontrol.

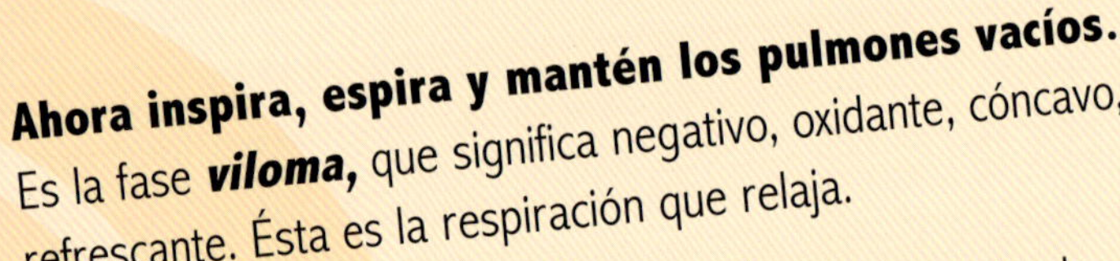

Prueba el pilates

Si te gusta el yoga, te puedes acercar también a este sistema de entrenamiento centrado en la mejora de la fluidez de los movimientos, de la fuerza en todo el cuerpo, sin crear un exceso de masa muscular. El método pilates no es sólo ejercicio físico, sino también coordinación física y mental, control de la respiración, armonía y fluidez de los movimientos, estabilización del baricentro y control de la postura.

La postura del…

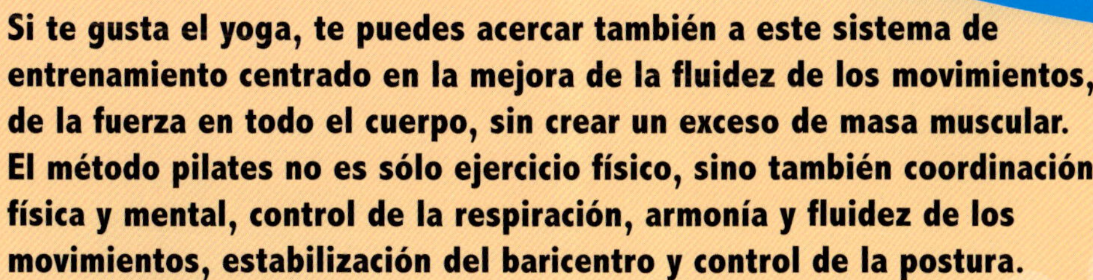

Zapatero

La posición con los pies juntos y piernas en ángulo *Baddha Konasana*, llamada así porque recuerda a la postura de los zapateros indios, es ideal para la parte interna del muslo y las caderas.

Triángulo

En la posición *Utthita trikonasana* o posición del triángulo, hay que separar las piernas casi un metro, levantar los brazos lateralmente a la altura de los hombros y flexionar de manera lateral el tronco hacia el pie. Ayuda a combatir el dolor de espalda.

Vela

En la posición *Salamba sarvangasana* (de la vela o de pie sobre los hombros) se apoya todo el peso del cuerpo sobre los hombros y los codos. Mejora las facultades psíquicas y favorece la actividad intelectual.

ESTIRAMIENTOS

No necesitas ser una gran atleta para practicar el *stretching*, pero sí hay que empezar con calma y ser constantes. De esta manera aprenderás pronto a disfrutar de esta disciplina: ¡para que estés en sintonía con tus músculos!

Cuello

Aductores

Dorso y glúteos

1. Flexiona la cabeza lateralmente hacia la derecha; mantén esta posición 30 segundos. Repite hacia la izquierda.

Un estiramiento realizado correctamente ha de ser relajado y prolongado, no doloroso, y durar al menos 30 segundos; no consiste en hacer flexiones bruscas, estiramientos dolorosos ni ejercicios mantenidos demasiado poco tiempo.

2. Con la espalda pegada al suelo, flexiona las piernas y mantén las plantas de los pies unidas durante un minuto.

La respiración debe ser normal y tranquila. No retengas nunca la respiración durante un ejercicio de stretching. Es importante porque una buena oxigenación atenúa la tensión muscular. Por lo tanto, la posición que asumas te debe permitir una correcta respiración.

3. Sin levantar los hombros del suelo, flexiona una pierna sobre el pecho y gírala sobre la otra pierna estirada. Mantén la posición con el brazo opuesto a la pierna flexionada durante unos 30 segundos.

Ejercicios

4. Boca arriba, flexiona la pierna contra el pecho y mantén la otra estirada en el suelo. Mantén 30 segundos.

5. Sentada, flexiona la pierna derecha, mantén el talón junto a la parte externa del muslo. Dobla la pierna izquierda, llevando el pie al interior del muslo derecho.

Stretching

El término deriva del inglés *to stretch*, que significa estirar. Es un método que consiste en el estiramiento de los músculos y en el movimiento de las articulaciones mediante la realización de ejercicios, con el objetivo de mantener los músculos y las articulaciones en buen estado y en forma.

6. Levanta el brazo derecho y flexiónalo detrás de la cabeza. Con la otra mano, sostén el codo y tira ligeramente de él.

¡MUCHA ATENCIÓN!
Para obtener mejores resultados repite los ejercicios varias veces.

¡A BAILAR!

El baile ayuda a mantenerse en forma, pero también a reducir el nivel de estrés... La piel de la cara estará más lisa y relajada, y el cuerpo más tonificado. Además, no te costará nada porque es divertido. Elige el tipo de baile que mejor se adapta a ti.

La danza clásica

La danza clásica, comúnmente llamada *ballet* es un **baile académico.** Este término deriva de la técnica usada para bailar, definida como «académica», que fue reglamentada por los maestros de la **Académie Royale de Danse,** fundada en París por el rey Luis XIV de Francia en 1661.

Es fundamental la **postura del torso,** que debe ser siempre recta y estirada. Los hombros han de mantenerse abiertos y hacia abajo, y el cuello relajado. Obviamente, además de una **natural predisposición física,** son necesarios **años de estudio y mucha constancia** para obtener buenos resultados en el ballet clásico.

La mayor fijación de toda bailarina son sus zapatillas de punta. Las **zapatillas de raso** pueden convertirse en una pesadilla al menos hasta que la bailarina encuentra el modelo adecuado y se adapta a él.

HIP HOP

✔ El *hip hop*, llamado también *popping, locking, b-boying o breaking*, nace en las calles y no en la academia.

✔ El *hip hop* tiene muchas raíces diferentes. La música, el ritmo y el espíritu proceden de los tambores africanos. El baile, de las tribus africanas, del kung-fu chino, de la capoeira brasileña y de otros bailes étnicos.

La danza del vientre

Es un arte antiguo cuyos orígenes están vinculados a los cultos religiosos de la Madre Tierra practicados en las antiguas sociedades de Mesopotamia. Propiciaba la fertilidad.

Hoy es una forma de entretenimiento, pero los beneficios que aporta siguen siendo los mismos: vientre y caderas fuertes.

Las caderas se vuelven más esbeltas, las piernas se fortalecen y los movimientos adquieren más seguridad. No existe una coreografía precisa, por lo que la bailarina puede improvisar según su sentir. Es un excelente ejercicio tanto para obtener un buen equilibrio neuromuscular como para empezar a tomar conciencia del propio cuerpo y la feminidad.

El movimiento rítmico de las caderas, la oscilación del abdomen y la torsión del tronco tienen efectos benéficos: relajan la pelvis y sus órganos internos, mejorando la circulación y robusteciendo la musculatura dorsal, manteniéndola elástica.